いちばんやさしい

Canva
キャンバ
教育版の教本

人気講師が教える 学校で役立つ時短デザイン

インプレス

Profile
著者プロフィール

坂本良晶（さかもと・よしあき）

13年間京都府の公立小学校で勤務。働き方やICTやAIをテーマに発信。2024年にCanva Japanに入社しCanva Education Senior Managerとして日本中の自治体へのCanva教育版の導入や研修を実施。

的場功基（まとば・こうき）

Canva認定教育アンバサダーやGoogle for Education認定トレーナーとして全国各地で登壇。CEC岡山やGEG倉敷などのコミュニティを立ち上げ、教育者が学び合うことができる場を提供。

二川佳祐（ふたかわ・けいすけ）

練馬区立石神井台小学校 主任教諭。Canva認定教育者 Teacher Canvassador、CanvaコミュニティのCEC東京の代表も務める。他にも多数のイベントやコミュニティを主宰したり、執筆、各種SNSで発信をしている。

関口あさか（せきぐち・あさか）

埼玉県立本庄特別支援学校教諭。日本初Canva認定教育アンバサダー、Canva公式クリエイター。教材クリエイターとしても活躍し、「ためカモ学びサイト」を中心に、自治体や先生向けに特別支援教材を提供。

會見修一（あいみ・しゅういち）

安来市教育委員会 情報教育活用指導講師。Canva認定教育アンバサダー。教職員へのICT研修や授業支援に尽力。Canva for Education自治体導入を推進。他自治体のCanva研修も実施。

本書の内容は、2024年12月時点の情報をもとに構成しています。
本書の発行後に各種サービスやソフトウェアの機能・画面などが変更される場合があります。
本文内の製品名およびサービス名は、一般に各開発メーカーおよびサービス提供元の登録商標または商標です。
なお、本文中にはTMおよび®マークは明記していません。

はじめに

はじめまして。Canva Japanの坂本と申します。本書『いちばんやさしいCanva教育版の教本』を出さないかと持ちかけた言い出しっぺです。私は、元々13年間教員をしていましたが、その間Canva認定教育アンバサダーになるなどCanvaの無限の可能性に惚れ込み、教室で実践をしていました。いろいろあって現在はCanva JapanでCanva Education Senior Managerという立場で、Canva教育版を自治体へ導入したり研修をしたりという仕事をしています。本書は、私の大切な仲間である的場功基さん、二川佳祐さん、関口あさかさん、會見修一さんというエキスパートに協力いただき、それぞれの知見を結集して執筆しました。それぞれが異なる視点や経験を持ちながらも、Canvaという共通のツールを通じて、教育の未来を語り、描きました。

Canvaはその直感的な操作性や豊富な機能性で、日本の教育現場において爆発的な広がりを見せています。このツールは、先生方が授業や教材をデザインする時間を大幅に短縮し、さらには子どもたちの創造性を引き出すための強力な武器となっています。またCanvaを活用することで教員の働き方改革にもつながります。

本書を通じて、日本の教育現場でCanvaをどのように活用すればよいのか、その具体的な方法や実践事例をわかりやすく解説しています。日本の先生方は、その熱意と指導技術において世界でもトップクラスであると確信しています。そんな先生方がCanvaというツールを通じて、日本の素晴らしい教育をさらによりよいものにできることを願っています。

この本が、教育者の皆さまの役に立ち、日本の教育がさらに輝きを増す一助となることを願っています。さあ、私たちと一緒にCanvaを使った教育の新しい可能性を探る旅に出ましょう。

Canva Japan　坂本良晶

本書の読み方

「いちばんやさしいCanva教育版の教本」の読み方

「いちばんやさしいCanva教育版の教本」は、はじめての人でも迷わないように、わかりやすい説明と大きな画面でCanva教育版を使った実践ノウハウを解説しています。

》「何のためにやるのか」がわかる！

薄く色の付いたページでは、授業や校務でのCanva教育版の活用法を解説しています。実際の操作に入る前に、意味をしっかり理解してから取り組めます。

タイトル
Lessonの目的をわかりやすくまとめています。

レッスンのポイント
このLessonを読むとどうなるのか、何に役立つのかを解説しています。

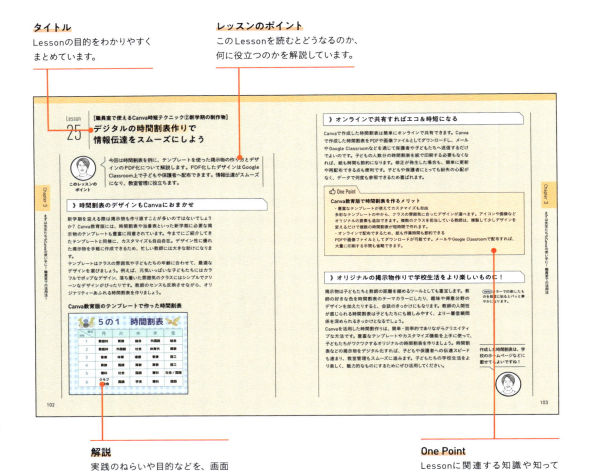

解説
実践のねらいや目的などを、画面や図解をまじえて丁寧に解説しています。

One Point
Lessonに関連する知識や知っておくと役立つ知識を、コラムで解説しています。

本書の読み方

》「どうやってやるのか」がわかる！

実践パートでは、1つ1つのステップを丁寧に解説しています。講師によるポイント解説や補足情報を散りばめているので、つまずきません。

手順
大きな画面で手順を丁寧に解説しています。番号順に操作すれば、誰でも簡単に再現できます。

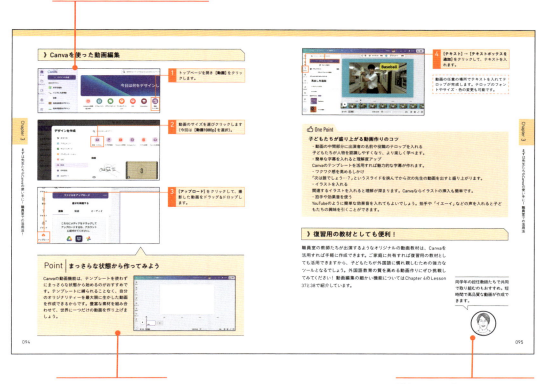

Point
その作業を行う際の注意点や補足説明です。

講師によるポイント
特に重要なポイントでは、講師が登場して確認・念押しします。

いちばんやさしい Canva教育版の教本

人気講師が教える 学校で役立つ時短デザイン

Contents
目次

著者プロフィール ……………………………………………………………… 002
はじめに ……………………………………………………………………… 003
本書の読み方 ………………………………………………………………… 004

Chapter 1 Canvaの基本をマスターしよう！

page 011

Lesson		page
01	[ようこそ、Canvaの世界へ] Canvaの始まりとは？	012
02	[Canva最初の一歩] Canvaを始めてみよう	014
03	[Canvaの魅力①素材] Canvaの豊富な素材ライブラリ	016
04	[Canvaの魅力②テキスト] 豊富なフォントのバリエーション	018
05	[Canvaの魅力③コラボレーション機能] Canvaに備わるコラボレーション機能とは	020
06	[Canvaの魅力④ホワイトボード] 便利なホワイトボード機能	022
07	[Canvaの魅力⑤動画] Canvaは動画も作れる	024
08	[Canvaの魅力⑥AI] CanvaのAIツール①マジック作文	026
09	[Canvaの魅力⑦AI] CanvaのAIツール②マジック生成	028

Chapter 2 授業ですぐに使える！Canvaで作る教材アイデア

page 029

Lesson		page
10	[教材作成の基本①素材の活用] 素材と手書きを組み合わせてオリジナル教材を作成しよう	030
11	[教材作成の基本②合成写真の活用] 合成写真を使って魅力的な教材を作成しよう	037
12	[教材作成の基本③フレームの活用] フレーム機能を使って写真を自由自在に編集	044
13	[教材作成の基本④動画の活用] プレゼンテーション動画を作って「話す力」を養おう	049
14	[教材作成の応用①マジック変換] マジック変換機能でプレゼンテーションを時短で作成	052
15	[教材作成の応用②ポートフォリオのデジタル化] 実技や実験の結果をデジタルポートフォリオにまとめよう	057
16	[教材作成の応用③思考ツールの活用] 思考ツールをいつでもどこでも使える環境を整えよう	061
17	[教材作成の応用④付箋とアプリ連携] YouTubeやGoogleマップを連携して情報収集力を高めよう	066
18	[教材作成の応用⑤SNS投稿・自動翻訳] 魅力的なコンテンツを作って地域とつながろう	073

Chapter 3 まずは先生たちがCanvaの使い手に！ 職員室での活用法

page 079

Lesson 19 ［職員室でCanvaを使う第一歩］
教師をCanva教育版へ招待しよう ……………………………………………………………… 080

Lesson 20 ［校務がはかどる実践例①保護者会］
保護者の「知りたい」を叶えるプレゼン資料を作ろう ………………………………………… 084

Lesson 21 ［校務がはかどる実践例②ゲストティーチャーへの手紙］
心を込めたお礼の手紙をCanvaで彩ろう ……………………………………………………… 087

Lesson 22 ［校務がはかどる実践例③Google Classroom］
個性豊かなClassroomのヘッダーでコミュニケーションを活性化しよう ………………… 089

Lesson 23 ［校務がはかどる実践例④外国語教育］
教師たちが登場する動画を作って外国語の授業を盛り上げよう …………………………… 092

Lesson 24 ［職員室で使えるCanva時短テクニック①賞状作り］
子どもたちが喜ぶ賞状を時短で作ろう ………………………………………………………… 096

Lesson 25 ［職員室で使えるCanva時短テクニック②新学期の制作物］
デジタルの時間割表作りで情報伝達をスムーズにしよう …………………………………… 102

Lesson 26 ［教師の成長に役立つ実践例①校内研究］
直感的に伝わる資料作りで校内研究の質を高めよう ………………………………………… 106

Lesson 27 ［教師の成長に役立つ実践例②ワークショップ］
職員室開きはCanvaの動画作りで親睦を深めよう …………………………………………… 110

Lesson 28 ［ぜひ使ってほしい便利な機能］
紙の資料も自在に編集！ PDFの編集機能を活用しよう …………………………………… 115

Chapter 4 特別支援教育をもっと豊かに！一人ひとりに寄り添う活用法

page 117

Lesson		page
29	[障害特性や困難さをサポートするCanvaの特徴] 障害特性や困難さに応じたCanvaの機能とは	118
30	[押さえておきたいアクセシビリティ・配慮機能①視覚・読字] 「見えにくい」「読みにくい」を補助するアクセシビリティ機能	120
31	[押さえておきたいアクセシビリティ・配慮機能②聴覚・操作] 「聞こえにくい」「動かしにくい」を補助するアクセシビリティ機能	125
32	[押さえておきたいアクセシビリティ・配慮機能③デザインのチェック機能] デザインのアクセシビリティチェックで多くの子どもに配慮したテンプレートを作ろう	128
33	[使ってほしい特別支援教育ツール①テンプレートの検索] 特別支援教育向けのテンプレートを活用しよう	131
34	[使ってほしい特別支援教育ツール②AIを使ったテンプレートの編集] マジック作文で子どもの状態に合う教材を時短で作ろう	134
35	[使ってほしい特別支援教育ツール③素材の検索テクニック] 豊富な素材を使いこなして発達段階に合わせた教材を作ろう	138
36	[使ってほしい特別支援教育ツール④マジック生成で素材作り] AIを搭載したマジック生成機能でオリジナルの素材を作ろう	142
37	[特別支援教育向けの教材作り①合成動画の編集] 動画編集機能を使って学習を盛り上げる動画を作ろう！	144
38	[特別支援教育向けの教材作り②動画の音声編集] 音の素材を取り入れて動画に臨場感を出そう	149
39	[特別支援教育向けの教材作り③動画の共有方法] 用途に応じた動画の共有方法を覚えよう	152
40	[特別支援教育の実践例①マジック生成機能で国語学習] 文の作り方を楽しく学ぶ！マジック生成機能を活用した国語学習	156
41	[特別支援教育の実践例②画像作りに挑戦（図工・美術・単語理解）] 豊富なイラスト素材を使ってなりきり変身画像を作ろう！	159
42	[特別支援教育の実践例③お絵描き機能で見立て遊び（図工・美術）] 葉っぱを使った「見立て遊び」でデジタルアートを楽しもう！	163
43	[特別支援教育の実践例④誕生日カード作り（国語・自立活動）] 文字を書くのが苦手でも大丈夫。誕生日カード作りで想いを形にしよう	166
44	[特別支援教育向けテンプレート集] そのままでも！編集してもすぐに使える！特別支援教育向けテンプレート集	168

Chapter 5 知っておきたい！Canva教育版 導入＆管理ガイド

page 171

Lesson 45 ［Canva教育版のメリット］
Canva教育版を教育現場へ導入する３つのメリット …… page 172

Lesson 46 ［Canva教育版使用にあたっての配慮事項］
必ず押さえておきたい安心して使うための配慮事項 …… 174

Lesson 47 ［Canva教育版を個人で始めるメリット］
教育現場に導入するためにCanva教育版の先駆者になろう …… 178

Lesson 48 ［Canvaを教育に最大限生かすために］
Canva教育版を自治体で導入するメリット …… 181

Lesson 49 ［自治体導入に安心な権限管理①アクセス権限設定の基本］
安心・安全に使うためのアクセス権限の管理 …… 183

Lesson 50 ［自治体導入に安心な権限管理②AI機能の制限］
AI機能の利用制限で教育に適した環境を整えよう …… 186

Lesson 51 ［自治体導入に安心な権限管理③コンテンツとアプリ利用］
コンテンツとアプリの利用は「情報活用能力」の観点で検討しよう …… 188

Lesson 52 ［自治体導入に安心な権限管理④共有と公開の利用制限］
適切な共有範囲と公開場所を選びCanva教育版を安全に使おう …… 193

Lesson 53 ［Canva教育版を自治体で導入する際の配慮事項］
管理担当者が押さえておきたい配慮事項 …… 196

Lesson 54 ［自治体導入の流れ①申請］
Canva教育版の申請と申請後のチェック …… 198

Lesson 55 ［自治体導入の流れ②SAML/SSO設定］
属性マッピングは方法ごとのメリット・デメリットを理解しよう …… 201

Lesson 56 ［自治体導入の流れ③運用を始める前の確認事項］
スムーズに運用を始めるための事前準備のポイント …… 203

Lesson 57 ［Canva活用で広がる未来］
Beyond Canva〜教育現場を変える主体者になろう〜 …… 206

Chapter
1

Canvaの基本を
マスターしよう！

Canvaって一体何？ どうやって始めたらいいの？ 授業でどう使うの？ そんな疑問にお答えします。ご安心ください。Canvaは、初心者でも簡単に使いこなせるデザインツールです。基本操作を覚えれば、すぐに授業で活用できます。

Chapter 1 Canvaの基本をマスターしよう！

Lesson 1 ［ようこそ、Canvaの世界へ］
Canvaの始まりとは？

このレッスンの
ポイント

さあ、Canvaの世界へようこそ！ これからCanvaで実現できる多くのことについてお伝えしていきます。その前にまずは「Canvaとは？」というところからスタートをしたいと思います。先に結論からお伝えすると、表現したいほぼすべてのことが実現できる魔法のツールなのです。

》 Canvaの始まり

Canva（キャンバ）は、クリエイティブなデザインを誰でも簡単に作成できるツールとして、全世界で広く使用されています。その成り立ちには、1つのビジョンと情熱がありました。その中心にいたのが、メラニー・パーキンスという若きオーストラリアの女性です。彼女は「もっと簡単に、もっと直感的にデザインができるはずだ」という想いを原動力に、Canvaを創り上げました。

メラニー・パーキンスは、大学でのデザインの授業中に、複雑で使いにくいデザインソフトウェアに苦しむ多くの学生を目の当たりにしました。彼女は、その瞬間に「デザインの民主化」というアイデアを抱き、すべての人が簡単にプロフェッショナルなデザインを作成できるツールを作ることを決意しました。そのアイデアは、当初は誰もが夢物語だと考えていましたが、彼女の強い信念と努力により、2012年にCanvaが誕生したのです。その後、Canvaは急速に進化を遂げ、クラウドベースのデザインツールとして、ユーザーがどこにいても、どんなデバイスでもアクセスできるようになりました。また、豊富なテンプレートやデザイン素材が備わり、初心者でも直感的に美しいデザインを作成できる点が、大きな魅力となっています。

(memo) Canvaは2013年にオーストラリアで創業し、現在はシドニーに本社があります。

Canva CEOのメラニー・パーキンスさん

》Canvaが教育の世界へ

特に教育の現場において、Canvaはその可能性を大きく広げています。教師は授業資料や児童生徒向けのプロジェクト資料を簡単に作成でき、児童生徒はクリエイティブな発想を形にする手段として活用しています。そして何より、Canvaは教育現場での革新を推進するため、世界中の教室に向けて「**Canva教育版**」を無償で提供しています。このプラットフォームは、どの国のどの学校でもアクセスが可能で、教師と児童生徒にが使える強力なデザインツールとなっています。またどのOSでも、どの端末でも、そしてアプリをダウンロードしなくても使えることで、先生方の実践がシェアされやすいことも大きな強みだと考えます。

現在、全国47都道府県で「**Canva Educators Community**」というコミュニティが立ち上がっています。それぞれの地域でそれぞれの先生方が互いにエンパワメントし合うイベントがオンラインやオフラインで開催されています。

OSや端末に依存せずにすべての子どもと教師がCanvaを使うことができる

Canva教育者コミュニティ JAPAN

Lesson 2 [Canva最初の一歩]
Canvaを始めてみよう

このレッスンの
ポイント

まずはアカウントを作ってCanvaを使えるようにするところからスタートです。おそらく多くの方がGoogleやMicrosoft、Appleのアカウントを持っているでしょう。それを使えば簡単にアカウントを作成できます。

≫ Canvaにサインインする

Canvaを利用する第一歩は、サインインです。このステップを通じて無限のデザインの世界に足を踏み入れることができます。

サインインはとても簡単です。まず、公式Webサイト（https://www.canva.com/ja_jp/）またはアプリを開きます。次に、既存のGoogleアカウント、Microsoftアカウント、Appleのアカウントまたはメールアドレスを使用してサインインします。特に教育機関向けには、「Canva教育版」を選択することで、機能や素材を最大限に活用することができます。教育版は有償プランのプロ版と同等のプランにも関わらず完全に無償で提供しています。教育版の導入や手続きについては、Chapter 5で詳しく解説します。

(memo) サインインとは、サービスを使えるようにユーザーの情報を登録することです。

≫ Canvaにサインインする

1 CanvaのWebサイト（https://www.canva.com/ja_jp/）にアクセスします。

2 [登録]をクリックします。

3 登録する方法（ここでは[Googleで続行]）をクリックします。

使用するGoogleアカウントをクリックし、[次へ]をクリックすると、Canvaにログインできます。

Canvaのホーム画面

- Canvaの素材やコンテンツを検索できます。
- 作成するものを選択できます。
- 作成したデザインが表示されたりまとめたりできるワークスペースです。

Canvaの編集画面

- 選択すると色が変わります。
- ここをクリックするとホーム画面に戻ります。

Chapter 1　Canvaの基本をマスターしよう！

👍 One Point

Canva教育版を申請するには

Canva教育版の登録ページ（https://www.canva.com/ja_jp/education/）にアクセスし、必要な情報や書類を登録します。無料で登録できる教育版は通常月額1,180円のPro版と同等で、すべての素材や機能が使えるようになります。非常に魅力的なオプションなのでぜひ申請をしてください。

Lesson 3

[Canvaの魅力①素材]
Canvaの豊富な素材ライブラリ

**このレッスンの
ポイント**

Canvaが教師にとって魅力的な理由の1つに、その豊富な素材ライブラリが挙げられます。授業の資料やプロジェクトに必要なすべての要素をCanva内で完結させることができるのは、クリエイティブなアイデアを形にするための「宝の山」ともいえるでしょう。

≫ Canvaの豊富すぎる素材

Canvaの素材ライブラリには、何百万もの画像・イラスト・写真・動画・アイコンなどが収録されており、すべてが自由に使用可能です。これにより、教師や子どもたちは著作権を気にすることなく、安心して使用できます。なお、これらの素材は、世界中のCanva公式クリエイターたちによって提供されており、その品質の高さは折り紙付きです。多様なスタイルやトピックに対応できる素材が揃っており、教師や子どものアイデアをより具体的に、そして視覚的に魅力的な形で表現することができます。

検索窓にキーワードを入力するだけで、瞬く間に無数の素材が現れます。この機能により、必要な素材を短時間で見つけ出し、授業の準備を効率的に進めることができます。例えば「農業」や「お米」などのキーワードを入力するだけで、関連するイラストやアイコンが次々と表示されます。なおCanvaは「いらすとや」とも提携しており、慣れ親しんだ「いらすとや」の素材を使うこともできます。

いらすとやの素材も使える

Canva教育版には、科目、学年、トピックに応じた数千種類のテンプレートがあります（2024年12月現在）。

》レポートを作ってみよう

Canvaが提供する素材は、表やグラフ等もあります。例えば、農業をテーマにしたレポート作成において、児童生徒が表やグラフを活用することで、データを視覚的にわかりやすく表現することができます。例として、品種ごとのお米の生産量や生産量の推移などのデータを集め、表やグラフにしました。

農業をテーマにしたレポート

Canvaだけでレポートの表紙、表やグラフの作成までワンストップで完成します。

当番表や時間割表といった日本の教育現場独特の素材も存在しているので、「これを作りたい」と思ったら、まずは素材を検索してみましょう。

》Canvaは直感的な操作が可能

もちろん、PowerPointやExcelなどと比較するとできることの幅は狭いです。ただし、その分直感的な操作が可能なので、子どもたちにとってちょうどよい機能だと教員時代に私は感じていました。
このようにCanvaを使えば、表やグラフの作成を簡単に行うことができ、児童生徒は自分の調査結果を視覚的にまとめることができます。

Lesson 4

[Canvaの魅力②テキスト]
豊富な**フォント**のバリエーション

このレッスンの
ポイント

Canvaの魅力の1つに、豊富なフォントのバリエーションがあります。特に日本語フォントに対するこだわりは強く、多彩な書体が揃っています。ユーザーはデザインや用途に合わせてフォントを選び、美しい資料やプレゼンテーションを作成することができます。

》 Canvaがこだわるフォント

Canvaを使ってデザインを始めると、テキストを選択した瞬間に目に飛び込んでくるのは、その膨大なフォントの数々です。フォントを選ぶためにクリックすると、まるで無限の可能性が広がるかのように、次々と表示されるフォントの一覧に驚くことでしょう。Canvaが提供するフォントの数は圧倒的です。シンプルで洗練されたものから、伝統的な和風の書体、さらにはポップなスタイルまで、あらゆるニーズに応えるフォントが揃っています。ユーザーはこれらの中から、デザインのテーマやメッセージに最適なフォントを選ぶことができます。ぜひこの膨大なフォントの世界に飛び込み、さまざまなフォントを試してみてください。それぞれのフォントが持つ独特の個性を生かして、オリジナリティーあふれるデザインを生み出すことができるはずです。

Canvaで使える日本語フォントは500種類以上あります（2024年12月現在）。

Canvaの日本語フォントの例

[スクリーンショット：Canvaのフォント選択画面。「使用中のフォント」にコーポレート・ロゴ、「おすすめのフォント」ににくまる、ラノベPOP、Source Han Sans JP、M+、Y.OzFont Calligraphy、「最近使用した項目」にUDデジタル教科書体NPL、Abstracted Dream、Joyful、Canva Sans、Arimoなどが表示されている]

》おすすめフォントと機能

Canvaには、特に教育現場で重宝されるフォントとして、**モリサワのUD教科書体**を実装しています。UD教科書体は、読みやすさと視認性に優れ、特に児童生徒向けの資料や教材に最適だといわれています。このフォントを使用することで、子どもたちにとって理解しやすい教材を作成でき、学習効果を高めることができます。

日本語のおすすめ機能①ふりがな

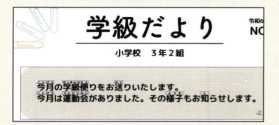

Canvaのふりがな機能は、特に低学年の児童や日本語学習者に向けた教材作成において非常に便利です。漢字にふりがなをつけることで、読み方をサポートし、児童生徒がより理解しやすい資料になります。この機能は、難しい漢字や語句を含む文章でも、しっかりと内容が伝わるように配慮することができる点で優れています。

日本語のおすすめ機能②縦書き

Canvaでは、縦書き機能を活用することで、日本語独特の伝統的なレイアウトを簡単に作成することができます。縦書きは、特に俳句や短歌、伝統的な文書など、日本文化を色濃く反映したデザインに欠かせません。この機能を使えば、より和風で趣のあるデザインに仕上がります。

Lesson 5

[Canvaの魅力③コラボレーション機能]

Canvaに備わるコラボレーション機能とは

このレッスンのポイント

> Canvaは複数人で同じデザインを編集したり、コメントをやりとりできるコラボレーション機能が非常に充実しています。この機能を活用して、児童生徒が共同編集でプロジェクトを制作し、相互参照や相互評価を通じて学び合うことで、協働的な学びを実現します。

》Canvaの共同編集と相互参照の強みを生かして

Canvaでは、共同編集機能を活用して、複数の児童生徒が同時に1つのデザインやプロジェクトを制作することができます。この機能により、子どもたちはリアルタイムでお互いのアイデアを反映させながら、協力して資料やプレゼンテーションを作成することが可能です。例えば、クラス全員で1つのポスターを作成するプロジェクトや、グループで共同レポートを作成する際に便利です。

Canvaの相互参照機能は、児童生徒同士が互いの成果物を簡単に確認できるように設計されています。この機能により、ほかのグループやクラスメイトがどのようなデザインやプロジェクトを作成しているかを参考にでき、自分たちの学びに生かすことができます。特に特別支援が必要な児童にとっては、この相互参照機能が重要なサポートとなります。ほかの児童生徒の作品を見て学ぶことで、作業の進め方やアイデアの具体化の方法を理解しやすくなるからです。

(memo) 相互参照は、学び合いの促進にも役立ちます。

》コメント機能でお互いにフィードバックする

Canvaにはコメント機能が備わっており、これを活用することで、児童生徒同士が互いにフィードバックを行うことができます。例えば作文の推敲を行う際に、クラスメイトからの意見や改善点をリアルタイムで共有し合いながら、よりよい文章を作り上げることが可能です。また、この機能を通じて、ほかの子どもたちの視点を学ぶことができ、子ども同士が話し合い、つながり合う機会も増えるため、よりよい人間関係づくりという面でも大きなプラスを生むことができると感じています。

》共同編集モードにする

1 [共有]をクリックします。

2 [編集可]の状態で[リンクをコピー]をクリックします。

TeamsやGoogle Classroom等で送信し、班のメンバーにシェアすることができます。

共同編集で誰が何をしているかを確認する

カーソルで誰がどこを作業しているかが一目瞭然です。ここでは、「的」と表示されているところは、的場さんが作業をしているということを示しています。

共同編集でコメントする

コメントしたいテキストボックス等を選択し、ふきだしマークをクリックするとコメントを送ることができます。

Lesson 6

[Canvaの魅力④ホワイトボード]
便利な<mark>ホワイトボード機能</mark>

**このレッスンの
ポイント**

Canvaのホワイトボード機能は、アイデア共有に最適なツールです。この機能を活用すれば、従来のホワイトボードのように自由に書き込みができるだけでなく、デジタルならではの便利さを生かして、リアルタイムでの共同作業やアイデアの整理が可能です。

》ホワイトボードで意見や感想を交流しよう

Canvaのホワイトボードを早速使ってみましょう。テンプレートからホワイトボードを使うこともできますが、私の経験上、多くの場合は通常のスライドをホワイトボードに展開します。

例えば、感想を交流するシーンを例に挙げましょう。まずはホワイトボードに展開したいスライドを選択し、3点リーダーから[ホワイトボードに展開する]を選択します。すると、これまで範囲が有限であったホワイトボードが広く使えるようになります。スライドの周囲が点線だとホワイトボードになっている状態です。こうすることで、たとえ40人学級でも全員が意見を書き出すことができます。

おすすめは付箋機能です。ショートカットキー[S]を押せば名前付きの付箋が出ます。付箋に意見を書けば全員で見ることができます。

また AI機能を活用して意見を分類することもできます。スピーディーに全員の意見を整理してくれるので重宝します。

(memo)付箋の使い方については、Chapter 2のLesson 17でも解説しています。

》ホワイトボードで意見を交流する

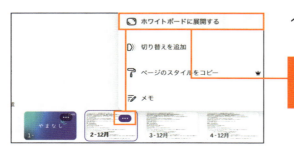

1 ホワイトボードに展開する

1 スライドを選択して、3点リーダー([…])をクリック→[**ホワイトボードに展開する**]をクリックします。

2 付箋を追加する

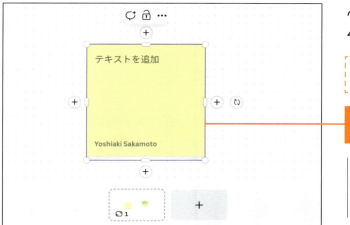

周囲の枠が取り払われ、スペースが広くなります。

1 ショートカットキー S を押して付箋を追加します。

ショートカットキーは、スライドを選択しない状態で押してください。

3 付箋を分類する

1 すべての付箋を選択し、右クリックして[分類する]→[トピック別]をクリックします。

付箋が自動的に分類され、「家族」「表現」などのインデックスも自動生成されます。

👍 **One Point**

ホワイトボードを終了するには

ホワイトボードを通常のプレゼンテーションページに戻すには、ページの上で右クリックし、[ホワイトボードを折りたたむ]をクリックします。

1 [ホワイトボードを折りたたむ]をクリックします。

Lesson 7

[Canvaの魅力⑤ 動画]
Canvaは動画も作れる

このレッスンの
ポイント

Canvaでは動画を作ることも可能です。素材やテンプレートに加え、自分たちで撮影した写真や動画を挿入することで非常にワクワクする表現をすることができます。動画編集ツールを探している学校にはぜひ試していただきたい機能です。

≫ Canvaで動画を作成してみよう

Canvaを使った動画は、環境問題の啓発CM、歴史上の人物の紹介、自分たちの街の魅力のPRなど、多くのシーンで活用できます。

Canvaの動画作成ツールでは、シンプルな操作でプロフェッショナルな仕上がりの動画が作れるため、初めて動画制作に挑戦する子どもでも十分に素敵な作品に仕上がります。

また特別活動の一環として、児童生徒が学校行事やクラブ活動の紹介動画を作成することもできます。Canvaを使えば、短時間で高品質な動画が完成し、クラブやイベントの魅力を効果的に伝えられるでしょう。

また遠足や宿泊行事などの写真や動画を持ち寄り、グループで、協力して1つの作品を作り上げるような活動も楽しいですね。

さらに、Canvaでは動画にBGMを追加することも簡単です。さまざまなジャンルの音楽素材が用意されており、作品の雰囲気に合わせて最適なBGMを選べます。BGMを加えることで、子どもの創造力を引き出し、よりクリエイティブな作品が生み出せるはずです。

さらにCanvaではテレビ番組のようにワイプを埋め込むことも可能です。画面の切り替えのトランジションを工夫する機能も搭載されています。

歴史上の人物の紹介ムービー

歴史上の人物の素材もしっかりあります。
動画の作成方法は、Chapter 2のLesson 13で解説しています。

ワイプの埋め込みもできる

ワイプを埋め込み、解説するといったこともできます。

BGMもつけられる

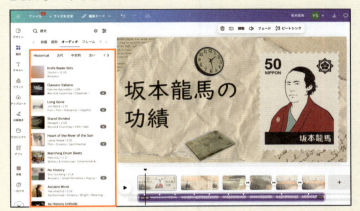

素材にはオーディオ（BGM）もあります。イメージに合うキーワードを入力してお気に入りのBGMを探して挿入してみましょう。またフェードアウトやフェードインといった細かい指示も可能です。

トランジションも豊富

画面切り替えトランジションも豊富にあります。かっこいい動画になるように工夫してみてください。

Lesson 8

[Canvaの魅力⑥ AI]
CanvaのAIツール①
マジック作文

**このレッスンの
ポイント**

Canvaは AIツールに力を入れており、さまざまなシーンで活用することができます。ここでは先生たちがより働きやすく便利になるようなAIツール、マジック作文の活用についてご紹介します。なおマジック作文は教員向けの機能で、生徒は利用できません。

》 Canvaのマジック作文とは

授業で、世界の国の中から1つを選び、その国の魅力を伝える作文を書く課題を出す際に、子どもたちはどのように文章を構成すればよいか悩むことがあります。そこで、教師が見本として作文を書いて見せることで、子どもたちはそのイメージをつかみやすくなります。Canvaの「マジック作文」機能を使えば、教師はあっという間に見本となる作文を作成することができます。

例えば、見本として日本の魅力を伝える作文を書こうとする場合、「日本の魅力」という題名のテキストボックスを選択、マジック作文で［続きを自動で作文］をクリックします。すると数秒で質の高い作文が生成されます。この見本の作文があることで、子どもたちは具体的な文章構成についてイメージをしやすくなります。

(memo) 生成された作文は、そのまま使用することもできますが、授業の目的や児童生徒の理解度に合わせて内容を修正することも可能です。簡単に文章の一部を追加・修正することで、より適切な見本として仕上げることができます。

》 マジック作文で作文の見本を書く

1 見本の作文の題名（ここでは「日本の魅力」）を入力します。

2 [マジック作文]をクリック→[続きを自動で作文]をクリックします。

フローティングツールバーの[鉛筆]アイコンをクリックすることもできます。

数秒でテキストが生成されます。

さらに観光客に訴えかけるようなポップな作文にしてみましょう。テキストボックスを選択して[もっと楽しく]をクリックすると、読んでいてウキウキするような作文に変わりました！

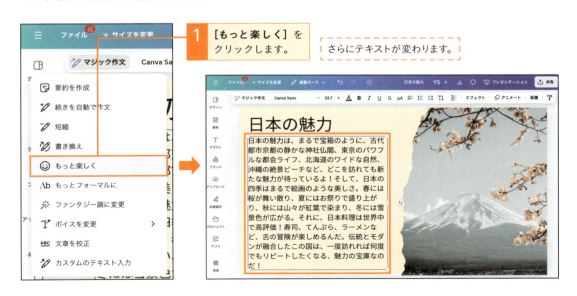

1 [もっと楽しく]をクリックします。

さらにテキストが変わります。

Lesson 9 [Canvaの魅力⑦AI]
CanvaのAIツール②　マジック生成

このレッスンの
ポイント

今度は子どもたちの創造性をアップさせるAIツールの活用について紹介します。CanvaのAIツール「マジック生成」は、子どもたちの創造性を刺激する強力なツールです。絵を描くのが苦手な子どもでも、自分のアイデアを形にすることができます。

》Canvaのマジック生成とは

Canvaのマジック生成は、言葉で指示するだけで画像を生成してくれるAIツールです。例えば、**「青い空と緑の草原に1本の桜の木」**と入力すれば、AIがその通りの画像を自動で作成します。

青い空と緑の草原に1本の桜の木を生成する

イメージ通りの画像が生成されます！画像の作成方法は、Chapter 4のLesson 36で解説しています。

》社会科で未来の道具を生成する

小学校の社会科では、「未来の道具」をテーマにした授業がよく行われます。しかし、子どもたちが想像した未来の道具を絵にするのは難しい場合があります。

そこで、Canvaのマジック生成を活用してみましょう。例えば、「自動で洗濯・乾燥・畳みをやってくれるロボット」と入力すれば、AIがイメージ通りの画像を生成してくれます。

この画像をきっかけに、子どもたちはさらなるアイデアを思いつくかもしれません。「生乾きのニオイをかぎ、におったらお湯と重曹で手洗いもしてくれる」など、ロボットの機能を具体的に想像することができます。

生成されたロボット「せんたくん」

Chapter 2

授業ですぐに使える！
Canvaで作る教材アイデア

「何から始めればよいのかわからない」という方に向けて、授業で簡単に実践できる内容を取り上げました。慣れてきたら、ねらいや実態に応じて自由にアレンジしてみてください。

Lesson 10 ［教材作成の基本①素材の活用］

素材と手書きを組み合わせてオリジナル教材を作成しよう

このレッスンのポイント

Canvaを使うと、教師は簡単にオリジナルの教材を作成できます。まずは画像やイラスト、動画といった豊富な素材の使い方を学び、授業の内容に合わせた教材を作ってみましょう。手書き機能を使えば、子どもたちの表現の幅も広がります。

≫ 豊富なフリー素材を活用してワークシートを作成しよう！

Canvaの豊富なフリー素材を活用して、国語科の教材を作成してみましょう。具体的には「ごんぎつね」の授業で使用するワークシートを作成します。Canvaを使うと、きつねや川、魚といった内容に合うイラスト素材をスピーディーに探すことができるため、教材を作成する時間も短縮できます。今回は「主人公のごんが、魚を川下に投げる」という場面について、叙述を読み落とさないためのワークシートを作成します。子どもたちは本文を読み取り、手書き機能を使って魚を投げた方向を描くというアクティビティーに取り組み理解を深めます。Canvaで作成した教材は一人ひとりにすぐ配布できるため、学習効率を高めることができます。配布方法についても確認しながら進めていきましょう。

(memo)「ごんぎつね」（新美南吉）は、小学校4年生の定番教材です。

≫「ごんぎつね」を題材にしたワークシートの作り方

1 白紙のプレゼンテーションを開く

1 トップページの［プレゼンテーション］をクリックします。

2 背景の設定画面を表示する

1. プレゼンテーションをクリックして[背景色]をクリックします。

3 背景色を設定する

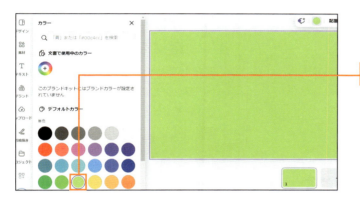

1. 背景色にしたい色をクリックします。

4 素材を検索する

1. [素材]をクリックします。
2. ここに「きつね」と入力して Enter を押します。
3. 使いたい素材をクリックします。

ほかのイラストも同様に検索します。

5 テキストを挿入する

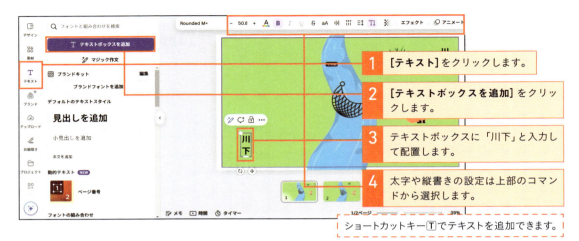

1 [テキスト]をクリックします。
2 [テキストボックスを追加]をクリックします。
3 テキストボックスに「川下」と入力して配置します。
4 太字や縦書きの設定は上部のコマンドから選択します。

ショートカットキー T でテキストを追加できます。

6 プレゼンテーションに素材を配置する

選んだ素材をそれぞれ使いたい場所へドラッグします。素材が重なる場所は[レイヤー]で調整します。

1 素材を選択して、[…]（もっと見る）をクリックします。

右クリックしてもよいです。

2 [レイヤー]→[レイヤーを表示]をクリックします。

3 前面に配置したい順番に上から素材を並べます。素材にカーソルを合わせてクリックしながら上下に移動させると順番を入れ替えることができます。

7 ロックして素材を固定する

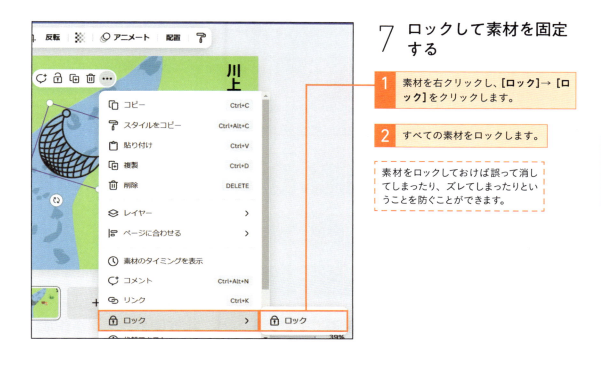

1 素材を右クリックし、[ロック]→[ロック]をクリックします。

2 すべての素材をロックします。

素材をロックしておけば誤って消してしまったり、ズレてしまったりということを防ぐことができます。

》 **ワークシートを子どもに配布する**（1つのデータに全員分のワークシートをまとめる方法）

人数分のワークシートを複製し、子どもへ共有します。

1 ワークシートを複製する

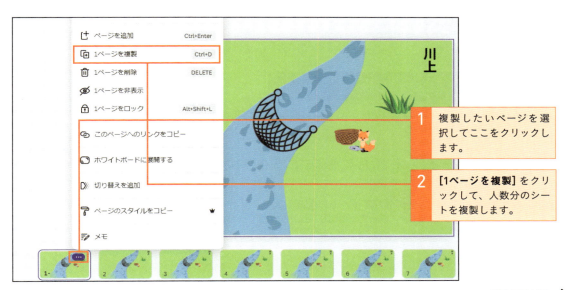

1 複製したいページを選択してここをクリックします。

2 **[1ページを複製]** をクリックして、人数分のシートを複製します。

3 [グリッドビュー]をクリックします。

個々のページを一覧で表示することができます。

2 共有用のリンクを作成する

1 [共有]をクリックします。

2 [コラボレーションリンク]を[リンクを知っている全員][編集可]にし、[リンクをコピー]をクリックします。

コピーしたリンクはGoogle Classroom等で配布します。

》ワークシートを子どもに配布する(個別にデータを配布する方法)

テンプレートの共有リンクを作成して子どもに配布します。

1 ワークシートの共有リンクを作成する

1 [共有]をクリックします。

2 [すべて表示]をクリックします。

3 [テンプレートのリンク]をクリックします。

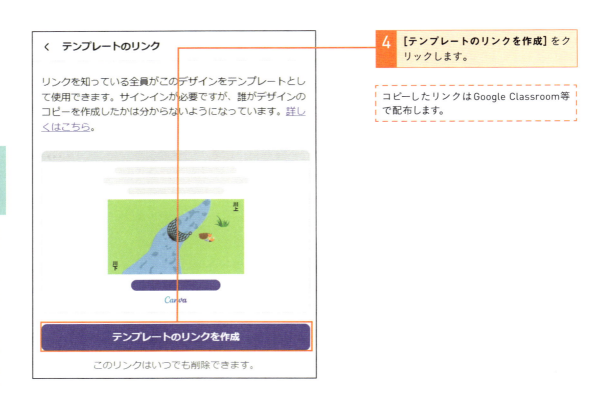

》授業での使い方

配布されたワークシートはお絵描き機能を使って自由に書き込みができます。子どもは「ごんぎつね」を読んで「川下」という叙述を読み落とさないようにワークシートに書き込んでいます。

1 お絵描き機能を使ってワークシートに書き込む

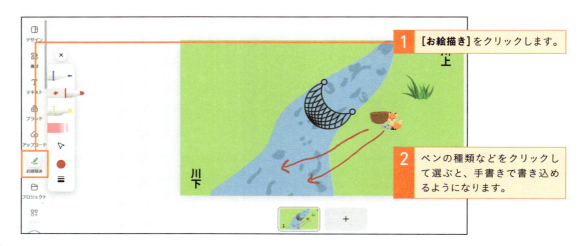

Lesson 11

[教材作成の基本②合成写真の活用]

合成写真を使って魅力的な教材を作成しよう

このレッスンのポイント

Canvaでは合成写真の作成も簡単です。合成写真を活用するとデザインの幅が広がり、内容がわかりやすく子どもの表現力を引き出す授業ができるようになります。今回は国語科の教材作成を例に、合成写真の作り方をご紹介します。

≫ 合成写真は背景削除と背景設定を使いこなそう！

合成写真の基本的な操作である背景の削除・設定を使って国語科の教材を作成してみましょう。Canvaでは、写真や動画の背景をワンクリックで簡単に削除できます。この機能はチラシやポスター、動画作成において重宝します。今回の教材は同じ読み方を持つ漢字について、それぞれの意味の違いを視覚的に表現します。本Lessonの最後に、作成した教材を保護者へ共有するための公開閲覧リンクの作成方法もご紹介します。

memo 同じ読み方の漢字は、意味の違いを視覚的に表現することで理解が深まります。

≫「引く」と「弾く」の違いを合成写真で表現する

1 白紙のプレゼンテーションを開く

1 白紙のプレゼンテーションを用意して [アップロード] をクリックします。

2 画像をアップロードする

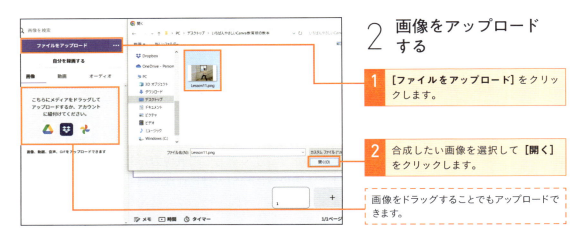

1 [ファイルをアップロード]をクリックします。

2 合成したい画像を選択して[開く]をクリックします。

画像をドラッグすることでもアップロードできます。

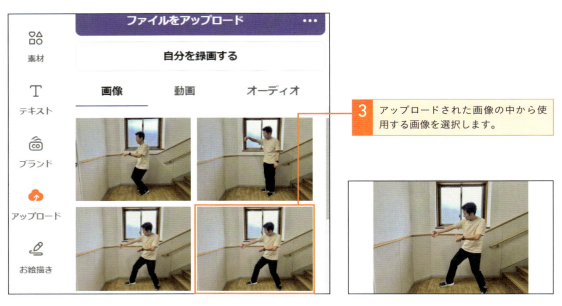

3 アップロードされた画像の中から使用する画像を選択します。

3 背景を削除する

プレゼンテーションに写真が貼り付けられます。

1 プレゼンテーションに貼り付けた写真を選択します。

2 [背景除去]をクリックします。

3 背景が消えて人物だけが残ります。

4 素材から画像を選択して、背景に設定

1 [素材] をクリックします。

2 ここに「サバンナ」と入力して [Enter] を押します。

3 検索結果から画像を選択します。

4 […]（もっと見る）をクリックします。

5 [画像を背景として設定] をクリックします。

人物の背面に背景として設定されます。

6 ゾウや綱も追加します。

5 テキストを入れる

1 [テキスト]をクリックします。

2 [テキストボックスを追加]をクリックします。

3 文字を入力して配置します。

6 テキストのフォントや素材を整えて完成

1〜5の手順で別の「弾く」を表現する合成写真を作成します。

》他者がコメントを入れる方法

1 [コメントを追加]をクリックします。

2 お互いのページに感想などを入力できます。

》保護者へ共有するためのQRコードを生成する

1 公開閲覧リンクを作成する

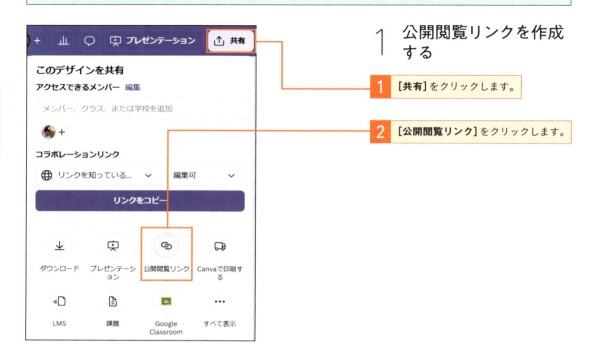

1 [共有]をクリックします。

2 [公開閲覧リンク]をクリックします。

3 [公開閲覧リンクを作成]をクリックします。

4 [コピー]をクリックします。

2 QRコードを生成する

1 [アプリ]をクリックします。

2 [QR code]をクリックします。

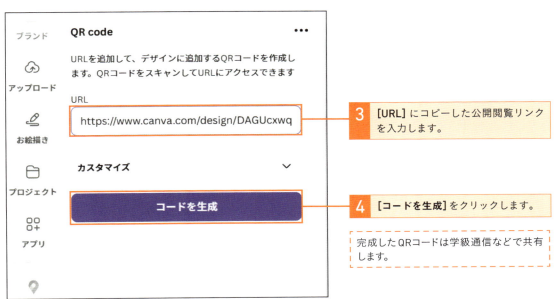

3 [URL]にコピーした公開閲覧リンクを入力します。

4 [コードを生成]をクリックします。

完成したQRコードは学級通信などで共有します。

※QRコードは株式会社デンソーウェーブの登録商標です

Lesson 12

［教材作成の基本③ フレームの活用］

フレーム機能を使って写真を自由自在に編集

このレッスンのポイント

このLessonでは、撮影した写真をCanvaにアップロードして授業で活用する方法をご紹介します。子どもが撮影した写真を集めてフォトコンテストを開催するなど、子どもの好奇心をくすぐるような授業展開に役立てることができます。

》フォトコンテストを開催しよう！

Lesson 11で学んだアップロード方法に加えて、フレーム機能を使った教材作りを学んでいきましょう。フレーム機能は、写真や動画を簡単に配置できる機能です。また、それを編集することも可能です。今回は、理科の授業の一例として「秋を見つけよう」をテーマに、子どもたちが撮影した写真を編集します。リンクを使って投票の仕組みを取り入れれば、フォトコンテストのようなインタラクティブな要素も取り入れることが可能です。

(memo) ポストカード風にしたり、フォトコンテストを開催したりアイデアは広がります。ほかにもアイデアがあれば著者にシェアしてください。

》フォトコンテスト用の教材を作成する

1 白紙のプレゼンテーションにフレームを挿入

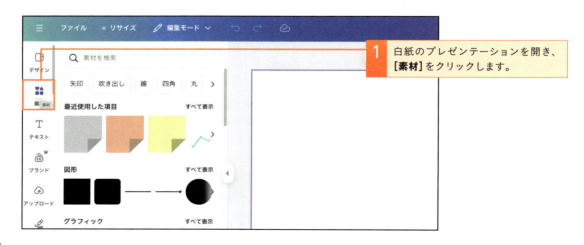

1 白紙のプレゼンテーションを開き、［素材］をクリックします。

2 [フレーム]から使いたい形のフレームを選択します。

3 貼り付けたフレームの大きさや縦横比を調整します。

4 [角の丸み]をクリックして丸みを調整します。

2 写真をフレームに埋め込む

1 Lesson 11を参考に、写真をアップロードします。

2 アップロードする画像をクリックしたままフレームの上にドラッグすると自動で埋め込まれます。

3 写真をフィルターや エフェクトで加工する

1 写真を選択して［編集］をクリックすると左側に［フィルター］や［エフェクト］が表示されます。

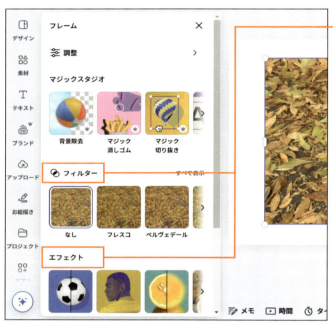

2 フィルターやエフェクトで写真を加工します。

［フィルター］では、カメラのレンズフィルターをかけたような効果が得られます。［エフェクト］はより積極的な効果を付けたい場合に適用します。どちらもやり直しができるので、いろいろ試しながら好みのものを選ぶとよいでしょう。

4 写真の明るさや色味などを調整する

1 写真を選択して［編集］をクリックすると左側に［調整］が表示されます。

> ［調整］→［ホワイトバランス］または［ライト］で写真の微調整ができます。［自動調整］をクリックすると、Canvaが写真ごとに最適な色合いに調整してくれます。［ホワイトバランス］では色温度と色合い、［ライト］では明るさを調整できます。

写真を加工した例

ポストカード風に仕上げるなど、遊び心を加えることもできます。

》外部ページへのリンクを埋め込む

プレゼンテーションに外部ページへのリンクを埋め込むことができます。
ここでは、Google フォームのリンクを挿入してみます。

1 リンクを設定するための テキストボックスを挿入

1 テキストボックスを挿入し、「投票」と入力して Enter を押します。

2 投票の文字にリンクを挿入

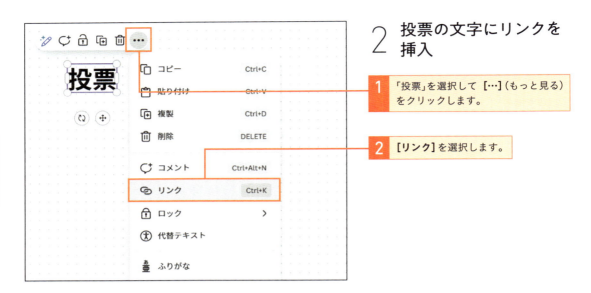

1 「投票」を選択して[…]（もっと見る）をクリックします。

2 [リンク]を選択します。

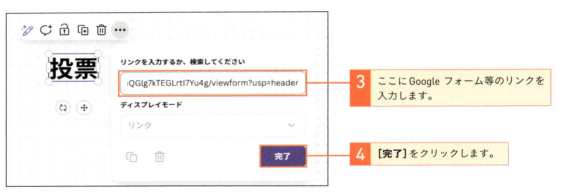

3 ここにGoogleフォーム等のリンクを入力します。

4 [完了]をクリックします。

「投票」をクリックすると外部ページのリンクが開きます。

Lesson 13

[教材作成の基本④動画の活用]

プレゼンテーション動画を作って「話す力」を養おう

このレッスンの
ポイント

Canvaは写真だけでなく動画を使った授業にも活用できます。このLessonでは、子どもたちが「話す」ことでアウトプットする授業を行うために、動画の作り方と共有する方法を学びます。2種類の方法について手順を確認しながら進めていきましょう。

》考えを言語化して動画を作ろう！

今回は、子どもたちが自分の考えを話して言語化する様子を録画する方法を学びます。これまでのLessonで学んだアップロードやフレーム機能も子どもたちへレクチャーして動画作りに役立てましょう。動画を共有してもらえば、教師は空いた時間に効率的に全員の動画を確認することができます。

(memo) 子どもたちは自分自身で話す姿を動画によって確認できるため、話し方や表情などの表現力を高めるトレーニングにも役立ちます。

》Canvaで録画する方法

1 使用するデザインを開き[共有]をクリックします。

2 [プレゼンと録画]をクリックします。

3 [レコーディングスタジオへ移動]をクリックします。

NEXT PAGE → 049

4 カメラやマイクを選択します。

5 [録画を開始]をクリックします。

6 [録画を終了]をクリックします。

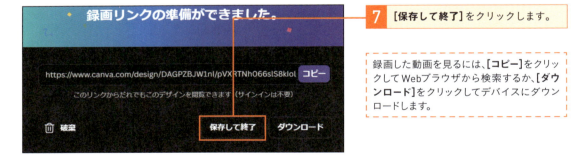

7 [保存して終了]をクリックします。

録画した動画を見るには、[コピー]をクリックして Web ブラウザから検索するか、[ダウンロード]をクリックしてデバイスにダウンロードします。

 One Point

まずはメモを使ってみよう

まだ話すことに慣れていない場合は、録画を始める前にメモに台本を入力しておくと安心です。メモを読みながら録画できます。

1 [メモ]をクリックします。

メモ画面が表示されます。

》すでに録画した動画をアップロードする場合

1 動画をアップロードする

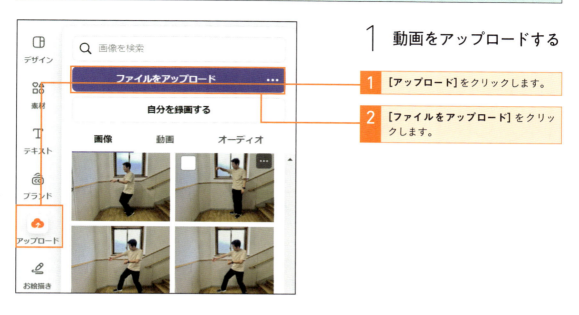

1 [アップロード]をクリックします。

2 [ファイルをアップロード]をクリックします。

3 アップロードしたい動画をクリックします。

4 [開く]をクリックします。

5 アップロードしたい動画をクリックします。

プレゼンテーションに動画が貼り付けられます。

アップロードした動画はフレームを使って形を変えることができます（フレームの使い方はLesson 12で詳しく紹介しています）。

Lesson 14

[教材作成の応用①マジック変換]

マジック変換機能で
プレゼンテーションを時短で作成

このレッスンの
ポイント

このLessonでは、AIが搭載されたマジック変換機能を使って文章をデザイン性に優れたプレゼンテーションに変換する方法を学びます。目的に沿った資料をスピーディーに作成できるようになるおすすめの時短テクニックです。

》 AIの活用で無駄な時間を省こう！

国語の授業で行ったインタビューの内容をマジック変換機能によって発表用のプレゼンテーションに仕上げます。半自動的にプレゼンテーションが作成できるため、作業時間を大幅に短縮できる時短テクニックです。インタビューや発表の練習などに時間を確保できるようになり、子どもたちが表現することに重点を置いた授業ができるようになります。

(memo) マジック変換はあらゆる資料作成に活用でき、校務の効率化にも大いに役立ちます。

》 インタビューの内容をドキュメントに入力する

1 ドキュメントを新規作成する

1 トップページの [ドキュメント] をクリックします。

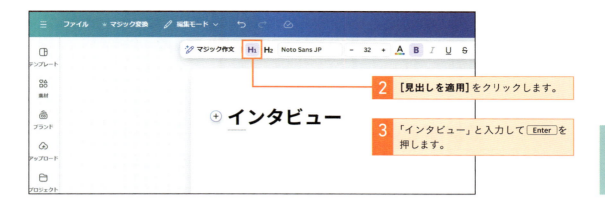

2 小見出しを追加する

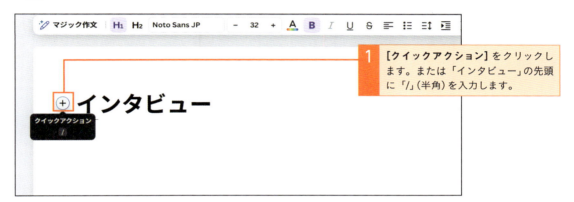

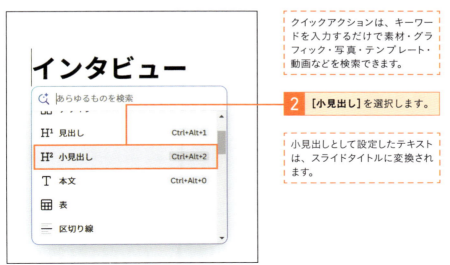

3 小見出しに「好きな食べ物」と入力します。

3 本文を追加する

1 前ページの「2 小見出しを追加する」の手順1と同様の手順で進め[本文]を選択します。

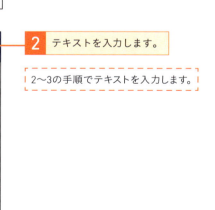

2 テキストを入力します。

2〜3の手順でテキストを入力します。

4 箇条書きにする

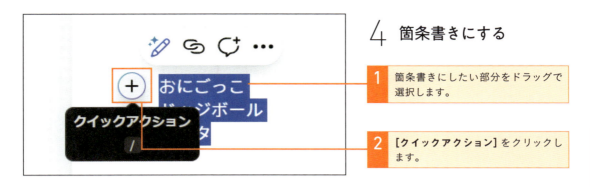

1 箇条書きにしたい部分をドラッグで選択します。

2 [クイックアクション]をクリックします。

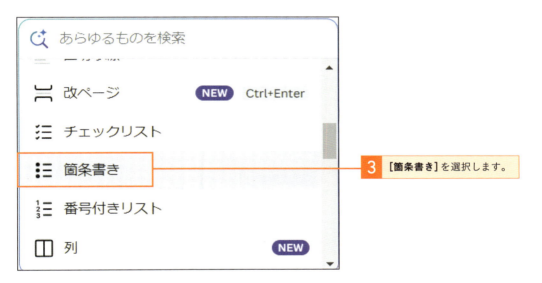

3 [箇条書き]を選択します。

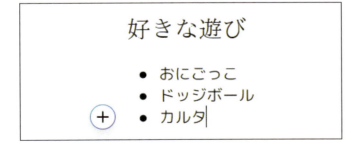

選択した範囲が箇条書きに設定されます。

》ドキュメントをプレゼンテーションに変換する

ドキュメントにインタビュー内容を入力したら、マジック変換機能を使ってデザイン性に優れたプレゼンテーションに仕上げます。

1 マジック変換でプレゼンテーションに変換する

1 [マジック変換]をクリックします。

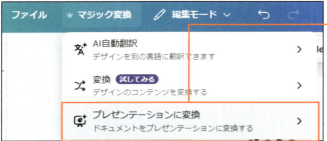

2 [プレゼンテーションに変換]を選択します。

マジック変換に関する説明が表示されたら[今後表示しない]にチェックを入れ、[開始]をクリックします。

2 デザインを選ぶ

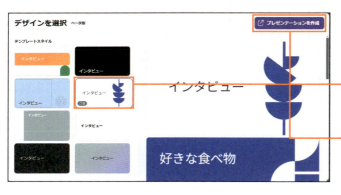

1 [テンプレートスタイル]から好みのデザインを選択します。

2 [プレゼンテーションを作成]をクリックします。

プレゼンテーションに変換されます。

プレゼンテーションに変換後もテキストや素材を自由に編集できます。

Lesson 15

[教材作成の応用②ポートフォリオのデジタル化]

実技や実験の結果をデジタルポートフォリオにまとめよう

このレッスンのポイント

このLessonでは、体育の実技や理科の実験などの記録をデジタルポートフォリオとしてまとめる方法を学びます。グラフや写真を使って学習の進捗や成果を整理することで、子どもや保護者、教師も理解しやすくなり、振り返りや評価をする際に役立ちます。

》写真やグラフを使って学びが深まるポートフォリオ作り

今までのレッスンで学んだ動画や写真に関するCanvaのスキルを生かしつつ、さらにグラフを使って理科の実験結果をデジタルポートフォリオとして作成します。そうすることで実験から得られる知見の把握や振り返りをしっかり行うことができるようになるでしょう。作成したデジタルポートフォリオは共同編集も可能であり、保護者への共有も簡単です。

(memo) 子どもの取り組みを本人、教師、保護者が深く理解し、学びを広げることができます。

》デジタルポートフォリオのテンプレートを作成する

1 白紙のプレゼンテーションにグラフを追加する

1 [アプリ]をクリックします。

2 [Canvaのその他のアプリ]→[グラフ]をクリックします。

NEXT PAGE → 057

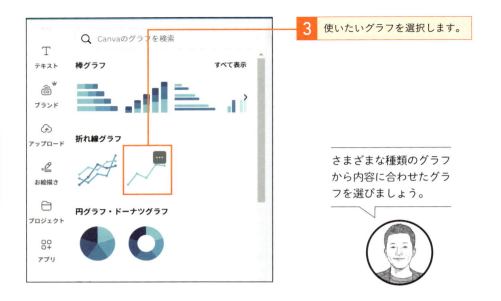

さまざまな種類のグラフから内容に合わせたグラフを選びましょう。

3 使いたいグラフを選択します。

2 グラフに必要なデータを入力する

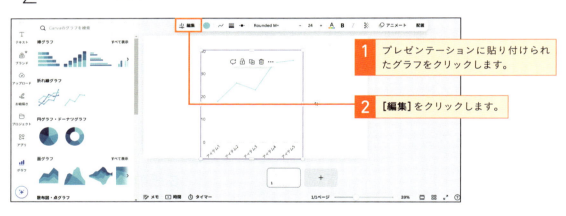

1 プレゼンテーションに貼り付けられたグラフをクリックします。

2 [編集]をクリックします。

3 [ラベル]の列に順番に「0分」「1分」「2分」……と入力します。

今回は子どもに結果を入力してグラフを完成させてもらうため、ラベルだけ設定しておきます。

3 グラフの色や線の太さなど、細かい修正を加える場合

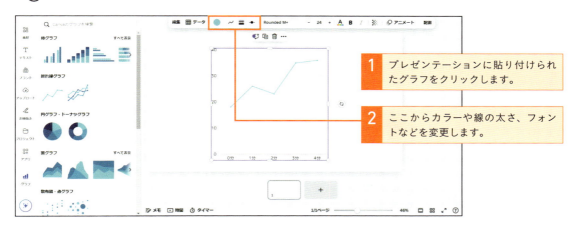

1 プレゼンテーションに貼り付けられたグラフをクリックします。

2 ここからカラーや線の太さ、フォントなどを変更します。

3 ［編集］→［設定］をクリックします。

4 ［凡例］［ラベル］［グリッド線］の表示はここから設定します。

4 デジタルポートフォリオの構成を決める

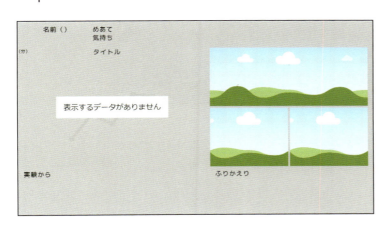

左の画像を参考に、テキストや画像のフレームなどを配置して見やすいデジタルポートフォリオのひな型を構成しましょう。完成したひな型はLesson 10を参考に子どもたちに配布します。

》子どもにデジタルポートフォリオを作ってもらう

1 グラフの数値を入力する

1　[系列1]に数値を入力するとグラフが表示されます。

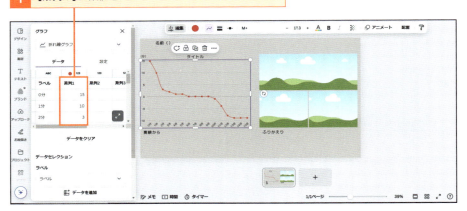

2 その他の情報を追加する

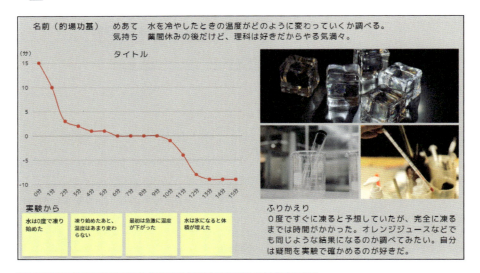

実験の写真や動画、付箋などを挿入したり、テキストを入力したりすることで、自分の学びの足跡がわかるデジタルポートフォリオが完成します（付箋の使い方はLesson 17で詳しく紹介しています）。

Lesson 16 ［教材作成の応用③思考ツールの活用］
思考ツールをいつでもどこでも使える環境を整えよう

このレッスンの
ポイント

みなさんは思考ツールをどのくらい使っているでしょうか。このLessonでは、Canvaを活用して子どもたちがいつでも思考ツールを使える環境を整えます。自分のペースで考えを整理するために役立ち、また友だちと共有して整理することもできるようになります。

》子どもが思考ツールを自由に選択できることが大切！

さまざまな種類の思考ツールがありますが、現場によっては、教師が一方的に特定の思考ツールを配布しているケースもあるのではないでしょうか。理想的なのは、子どもたちが状況に応じて必要な思考ツールを選ぶことです。Canva内で子どもたちが思考ツールを自由に活用できるよう設定すれば、授業での活用の幅が広がり、個々の学習ニーズに応じた柔軟な対応が可能になります。フォルダに思考ツールの画像を保存し、フォルダごと共有する方法をご紹介します。

(memo) 思考ツールは、考えを整理して見える化するツールとして、チャートやベン図、マップなどさまざまなものがあります。

》Canva内に思考ツールのデータを準備する

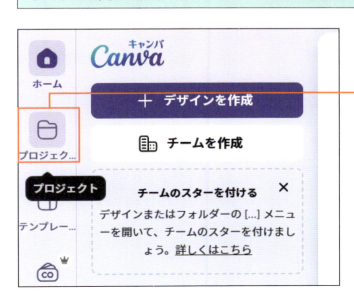

1 フォルダを作成する

1 トップページの［プロジェクト］をクリックします。

NEXT PAGE → 061

2 [新しく追加]をクリックします。

3 [フォルダー]を選択します。

4 [フォルダー名]に「思考ツール」と入力します。

5 [続行]をクリックします。

フォルダが完成しました。[トップページ]→[プロジェクト]から確認できます。

2 思考ツールをフォルダにアップロードする

1 ［新しく追加］をクリックします。

2 ［アップロード］を選択して、思考ツールの画像データをアップロードします。

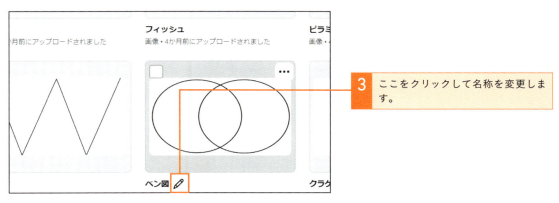

3 ここをクリックして名称を変更します。

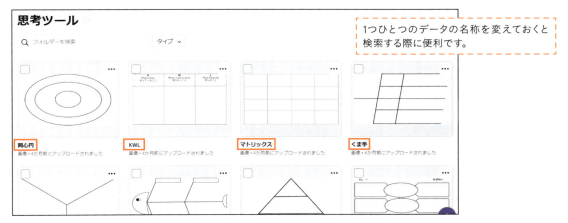

1つひとつのデータの名称を変えておくと検索する際に便利です。

》フォルダを子どもたちと共有する

1 [プロジェクト]をクリックします。

2 […]（もっと見る）をクリックします。

3 [シェア]を選択します。

4 子どもたちを招待します。作成しているクラスを共有したり、個別に共有したりすることができます。

》Canva内で思考ツールを選ぶ方法

子どもたちがCanva内で思考ツールを使用する方法を解説します。

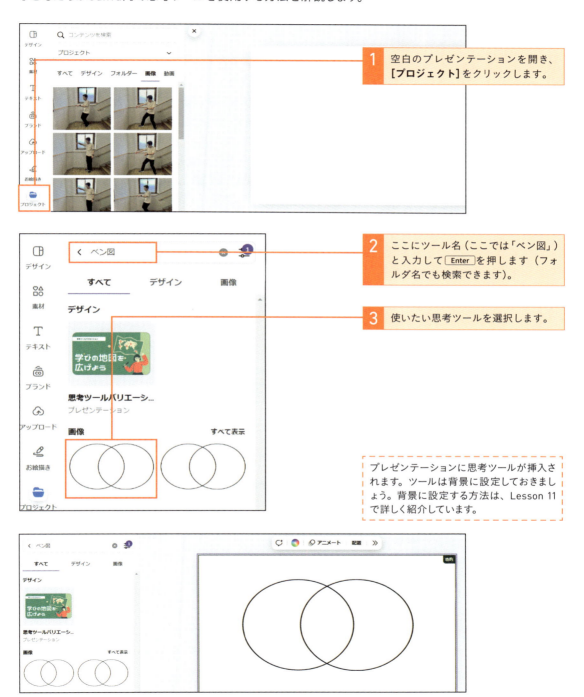

1 空白のプレゼンテーションを開き、[**プロジェクト**]をクリックします。

2 ここにツール名（ここでは「ベン図」）と入力して Enter を押します（フォルダ名でも検索できます）。

3 使いたい思考ツールを選択します。

プレゼンテーションに思考ツールが挿入されます。ツールは背景に設定しておきましょう。背景に設定する方法は、Lesson 11で詳しく紹介しています。

Lesson 17 ［教材作成の応用④付箋とアプリ連携］

YouTubeやGoogleマップを連携して情報収集力を高めよう

このレッスンのポイント

Canvaはさまざまなアプリと連携できることも魅力の1つです。このLessonでは情報収集のテクニックとして、YouTubeやGoogleマップといった主要なアプリとの連携方法を学びます。アプリを連携すると、スピーディーに情報収集ができるようになります。

》アプリを連携して豊富な情報を簡単に収集しよう！

授業において情報を収集し、整理するときは、付箋や思考ツールを使う場合が多いのではないでしょうか。Canvaでもプレゼンテーション内に付箋を貼り付けて情報を整理することができますが、さらにアプリを連携することで、詳しい情報を簡単に集め、整理することができます。今回はYouTubeやGoogleマップを活用して、情報をさらに広く深く収集する実践法をご紹介します。

(memo) YouTubeやGoogleマップを見ながら付箋に直接情報を書き加えられるため、タブの切り替えなどの手間が省け、効率的に進めることができます。教師も子どもも作業の生産性が大きく向上します。

》付箋を使って基本的な情報を整理する

1 空白のプレゼンテーションを開く

1 プレゼンテーションを開いて [素材] をクリックします。

2 ここに「付箋」と入力して [Enter] を押します。

3 [付箋] の中からいずれかのデザインを選択します。

4 情報を入力します。

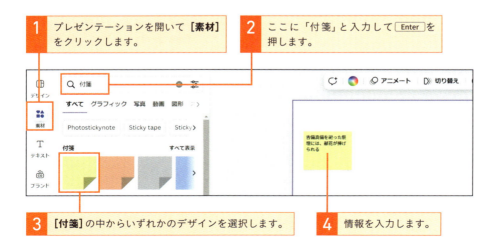

2 付箋を追加する

クイックフローを有効にすると、同じ付箋や図形を簡単に挿入できます。

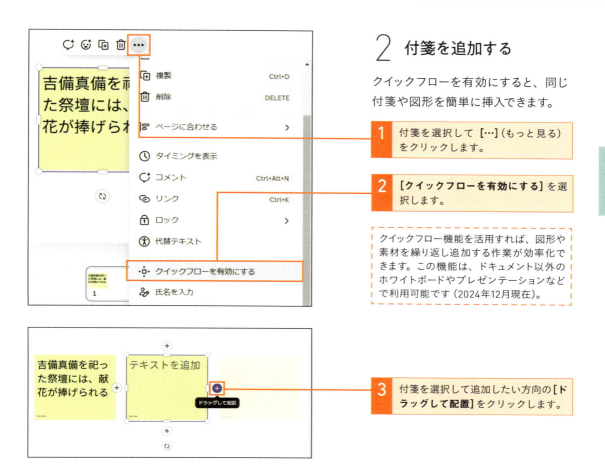

1 付箋を選択して [⋯]（もっと見る）をクリックします。

2 [クイックフローを有効にする] を選択します。

クイックフロー機能を活用すれば、図形や素材を繰り返し追加する作業が効率化できます。この機能は、ドキュメント以外のホワイトボードやプレゼンテーションなどで利用可能です（2024年12月現在）。

3 付箋を選択して追加したい方向の [ドラッグして配置] をクリックします。

3 付箋を分類する

付箋を自動で分類してくれる機能を使ってカラー別で並び替えます。

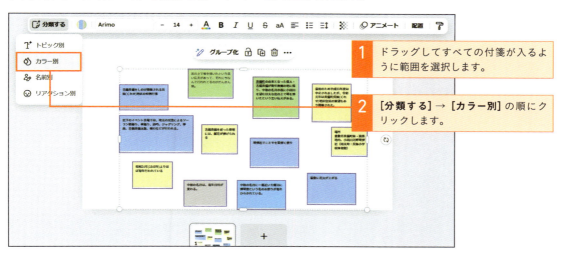

1 ドラッグしてすべての付箋が入るように範囲を選択します。

2 [分類する] → [カラー別] の順にクリックします。

NEXT PAGE → 067

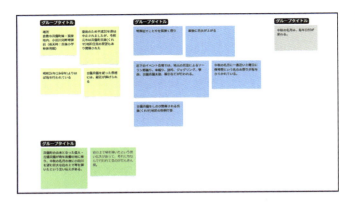

[トピック別] [名前別] [リアクション別] でも分類することが可能です。

付箋を使って情報整理したプレゼンテーションの例(素材やテキストなども使用)

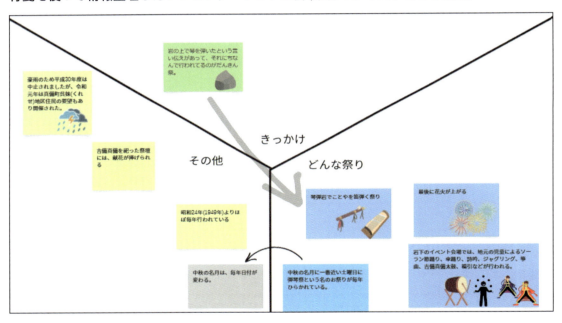

》Googleマップを連携して情報をプレゼンテーションに埋め込む

1 Googleマップを連携する

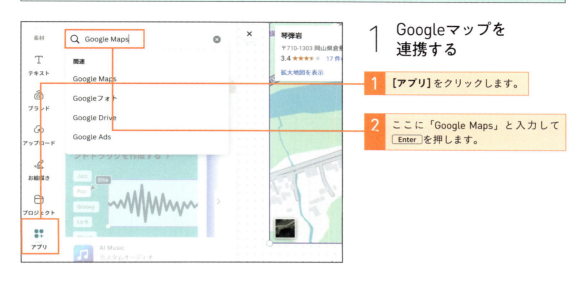

1 [アプリ]をクリックします。

2 ここに「Google Maps」と入力して Enter を押します。

3 [Google Maps]をクリックします。

4 [開く]をクリックします。

すでにGoogleマップを連携したことがある場合はこの画面は表示されません。

2 Googleマップの情報をプレゼンテーションに埋め込む

1 ここに探したい住所や施設などの名称を入力して Enter を押します。

2 地図をクリックします。

※地図データ@Google

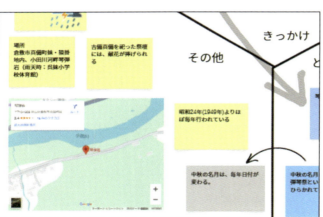

プレゼンテーションに地図が埋め込まれます。

クリックすると大きさや配置を自由に変更できます。

》YouTubeを連携して情報をプレゼンテーションに埋め込む

1 YouTubeを連携する

1 [アプリ]をクリックします。

2 ここに「YouTube」と入力して Enter を押します。

3 [YouTube]をクリックします。

4 [開く]をクリックします。

すでにYouTubeを連携したことがある場合はこの画面は表示されません。

2 YouTubeの動画をプレゼンテーションに埋め込む

1. ここに探したい動画の関連キーワードを入力して Enter を押します。

2. 使いたい動画をクリックします。

プレゼンテーションに動画が埋め込まれます。

大きさや配置を自由に変更できます。

アプリを連携して情報を埋め込んだプレゼンテーションの例

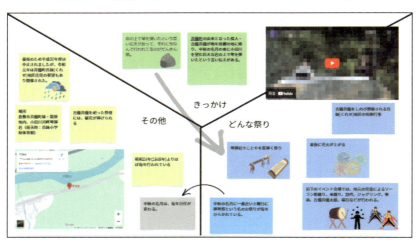

動画はプレゼンテーションの中で再生できます。視聴しながら付箋を書き込むこともできます。

Lesson 18

[教材作成の応用⑤SNS投稿・自動翻訳]

魅力的なコンテンツを作って地域とつながろう

このレッスンの
ポイント

このLessonでは、Canvaを使って地域連携を活性化させる方法を学びます。Instagram向けのコンテンツ作成やAI自動翻訳機能を使った英語版のチラシ作成などの実践例から、Canvaの活用方法と地域連携での効果を確認していきましょう。

》SNS投稿や英語のデザインで地域への発信力を強化！

総合的な学習の時間は、地域と連携したさまざまな取り組みを行います。子どもたちがアイデアを出し、自ら形にしていく過程でCanvaは欠かせないツールとなります。実践例としてご紹介するのは「地域の魅力発表会」。地域の観光センターや公民館、さらには観光客も巻き込んだ活動です。子どもたちは情報発信のためにCanvaを使ってInstagram向けの画像やリール動画の作成、英語版のチラシ作成などを行いました。その結果、地域全体へ大きな発信力を持つ取り組みとなりました。

(memo) 著者の住む岡山県総社市はかつて吉備国の中心地として栄えた地域で、遺跡・史跡などが豊富にあります。

》Instagram用のチラシ（投稿画像）を作成する

1 テンプレートを選ぶ

1 トップページで[テンプレート]をクリックします。

2 ここで「Instagram正方形」と入力して検索します。

3 [Instagram投稿（正方形）]をクリックします。

NEXT PAGE → 073

4 [カラー]をクリックして色を絞り込みます。

[カラー]のほか[テーマ][スタイル][フォーマット]などを絞り込んでテンプレートを検索できます。

Canvaはテンプレートが豊富なので絞り込むと探しやすくなります。

2 テンプレートを編集してチラシを作成する

テンプレートを編集してチラシを作成します。

》Instagram用のリール動画を作成

1 トップページで[テンプレート]をクリックします。

2 ここで「Instagramリール動画」と入力して検索します。

3 [Instagramリール動画]をクリックします。

4 [空のInstagramリール動画を作成]をクリックします。

5 素材やテキストを入れて動画を作成します。

》動画のサイズを変更する場合

16:9など横向きで作成したパソコン用の動画も簡単にサイズ変更できます。

1 [サイズを変更]をクリックします。

2 ここに「Instagramリール動画」と入力して検索します。

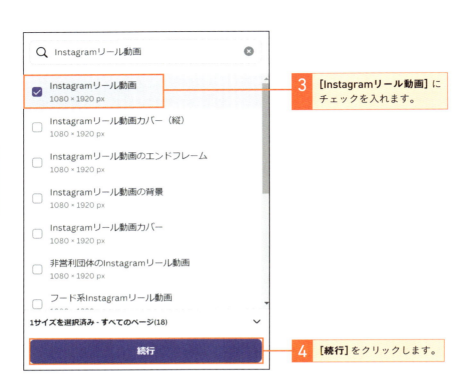

3 [Instagramリール動画] にチェックを入れます。

4 [続行] をクリックします。

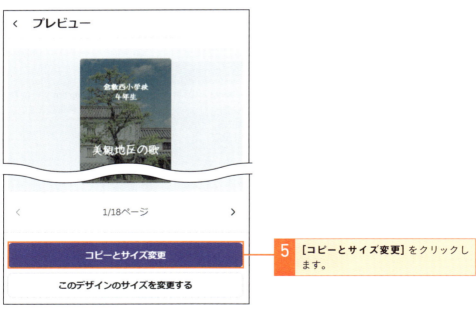

5 [コピーとサイズ変更] をクリックします。

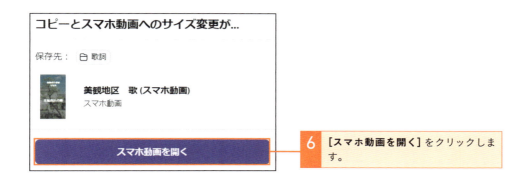

6 [スマホ動画を開く]をクリックします。

サイズが変更されます。

》日本語のデザインを翻訳して英語のデザインを作る

AI自動翻訳機能を使うと、簡単に英語版のチラシを作成できます。

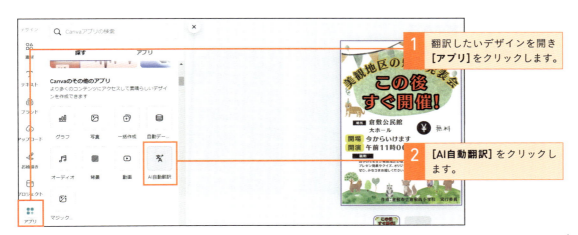

1 翻訳したいデザインを開き[アプリ]をクリックします。

2 [AI自動翻訳]をクリックします。

3 ［次の言語に翻訳］→［英語］を選択します。

4 ［ページを翻訳する］をクリックします。

5 ［AI自動翻訳］をクリックします。

TPOをふまえて［文章のトーン］も選べます。

今回はコミュニケーションをとる時間を最優先で確保するため、英語への翻訳はAIを活用していました。目的に応じて、子どもが翻訳にチャレンジしてもよいですね。

作成した動画やチラシは、地域の公式Instagramに掲載してもらいました。

地域と連携した学習の様子

Chapter 3

まずは先生たちが Canvaの使い手に！職員室での活用法

Canva教育版を校内で広めるときに重要なのが、職員室での活用です。教師たちが使いこなせると子どもたちへの浸透も早まります。まずは教師が便利さを実感することが大切です。

Lesson 19 ［職員室でCanvaを使う第一歩］
教師をCanva教育版へ招待しよう

このレッスンのポイント

Canvaを職員室で効果的に活用するために大切なのは、あなたを起点として職員室にCanvaの輪を広げることです。第一歩は教師たちをCanva教育版へ招待すること。難しい操作は必要ありません。解説にしたがって進めてみましょう。

》チームを作成して教師たちを招待しよう

おそらくこの本を手に取られた方は、自らCanvaを使うだけでなく「Canva教育版を学校に広めたい」とお考えではないでしょうか。学校でCanva教育版を使用するには、教師一人ひとりがCanva教育版に申し込む方法もありますが、より手軽な方法として、チームへ招待する方法があります。この方法では、どなたか一人のCanva教育版のアカウントでチームを作成して招待することで、招待された人はすぐにCanva教育版を使えるようになります。Canva教育版を校内に広める第一歩として、あなたが教師たちを招待してCanvaのよさを体感してもらいましょう。

memo Canva教育版のアカウント申請には教員免許状の提出が必要です。あらかじめ手元に用意しておくと申請がスムーズです。

》Canva教育版へ招待する

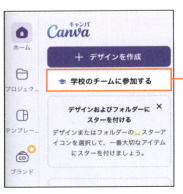

1 チームを作成する

1 Canva教育版に申請したアカウントでログインします。

2 ログイン後、トップページの［学校のチームに参加する］をクリックします。

3 ［学校のチームを作成］をクリックします。

4 [学校名]にチームの名称を入力して[Enter]を押します。

5 [学校の所在地]に住所を入力して[Enter]を押します。

6 [続行]をクリックします。

チームを作成すると画面右上にチーム名が表示されます。

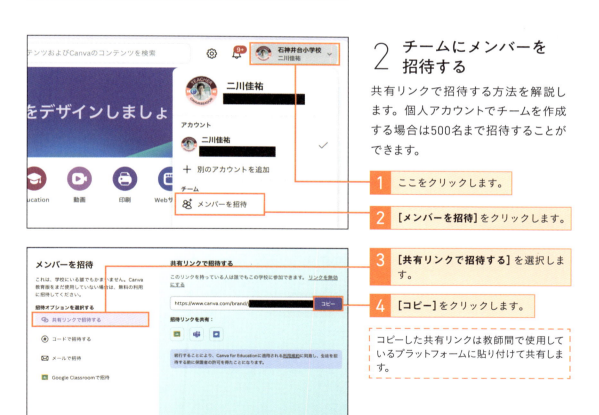

1 ここをクリックします。

2 [メンバーを招待]をクリックします。

2 チームにメンバーを招待する

共有リンクで招待する方法を解説します。個人アカウントでチームを作成する場合は500名まで招待することができます。

3 [共有リンクで招待する]を選択します。

4 [コピー]をクリックします。

コピーした共有リンクは教師間で使用しているプラットフォームに貼り付けて共有します。

3 招待された教師がURLをクリックしてアカウントを登録

招待を受けた人が共有リンクをクリックすると左の画面が表示されます。
新たにアカウントを作成するか、SSO（シングルサインオン）で学校から配布されている職員アカウントを紐づけます。

4 役割を設定する

管理者・教師・生徒の3つがあり、できることが違います。

1 [設定]をクリックします。

児童生徒から参加のリクエストがくると上のように表示されます。[承認]マークをクリックするとチームに参加させることができます。[拒否]マークをクリックすると参加を却下することができます。

👍 One Point

[役割]とは？

「教員」は、クラスの子どもたちを招待したり、子どもたちからの提出を受け付けたりすることができます。
「生徒」は、Canvaの機能を使用することができます。
「学校のチームの管理者」は、参加リクエストの管理ができます。ほかの教師や子どもがリクエストした際に承認できます。ほかにもメンバーの追加や削除ができます。ICT担当者や得意な教師が務めるとよいでしょう。

Lesson 20

[校務がはかどる実践例①保護者会]

保護者の「知りたい」を叶えるプレゼン資料を作ろう

このレッスンのポイント

定期的に開催する保護者会は、ぜひCanvaを活用していただきたい場面です。視覚的に伝わるプレゼン資料をうまく使って、保護者のみなさまとの時間をより充実したものにしましょう。直感的に伝わるスライドのデザインを短時間で作れることがCanvaの最大の魅力です！

Chapter 3　まずは先生たちがCanvaの使い手に！職員室での活用法！

》見やすいプレゼン資料で日常風景や思いを伝える

保護者会は保護者との貴重なコミュニケーションの場です。日頃の子どもたちの様子とともに、教師が大事にしていることをしっかり伝えたいですよね。直感的に理解できる資料を作れば、言葉で語るよりも伝わることがたくさんあります。

Canvaには豊富なテンプレートがありますから、ゼロからデザインや構成を考える必要はありません。選んだデザインに写真などを組み合わせることも簡単です。誰でも簡単にわかりやすいプレゼン資料が作れるため、業務の効率化と質の向上も叶えられます。さらに教師たちへ簡単に共有できる点もメリットです。情報交換がスムーズになり、教員育成のOJTにも活用できます。

memo ゼロから作るのは大変ですが、テンプレートがあるだけでずいぶん助けられます。思考の補助にもなりおすすめです。

プレゼンテーションの一例

084

》Canva最大の強み「テンプレート」を使いこなそう

プレゼン資料の作成は、得意な人も不得意な人もいるでしょう。「デザインはどうしよう」「構成はどうしよう」と頭を悩ませる人も多いのではないでしょうか。「デザインの民主化」を実現したCanvaは、こうした悩みを解決してくれる強い味方です。

さらにCanva教育版には、教育現場のさまざまなシチュエーションを想定したテンプレートが用意されています。保護者会向けのテンプレートはもちろん、各種発表会や時間割表などのテンプレートもあり、Canva教育版であれば無料で使用できます。膨大なテンプレートがあるため、希望のテンプレートを見つけるには「保護者会」などのキーワードで検索するとスムーズです。

(memo) Canva教育版には、プロのクリエイターが作成したさまざまなデザインが用意されています。高品質なデザインを誰でも簡単に利用できることが、Canva教育版の最大のメリットです。

テンプレートの探し方

①トップページで[テンプレート]をクリックします。

②検索したいテンプレートの種類（ここではプレゼンテーション）をクリックします。

③ここにキーワードを入力して Enter を押します。

》子どもたちの様子を写真で伝えよう

保護者会で保護者のみなさんにお見せしたいのが、学校生活の写真です。授業風景に給食や掃除、休み時間の様子、行事の練習……と、保護者がなかなか見られない学校の日常をぜひ写真で見ていただきましょう。実際の学校生活の様子を見ることができれば、保護者も安心してくれます。Canvaでスライドを作成すれば、写真の貼り付けや編集も簡単です。ぜひ写真を組み合わせて学校生活のリアルが伝わるプレゼン資料を作成しましょう（写真を使ったスライドの作成方法はLesson 11で詳しく紹介しています）。

memo 挿入したい画像を Ctrl + C でコピーし、Ctrl + V でプレゼンテーションに貼り付けることもできます。

👍 One Point
保護者会向けにプレゼン資料を作成するコツ

・1ページ1メッセージで作成する
ページ数が多くなってもメッセージが伝わりやすくなります。

・写真は保護者にとって何よりのおみやげ
保護者会で保護者のみなさんが一番知りたいのは、我が子やクラスの様子です。プレゼン資料では写真を使って余すことなくお伝えしましょう。

》情報量が多いときは「マジック変換」で時短作成

日々の授業や校務をこなしながらプレゼン資料を作るのはなかなか大変です。伝えたいことが多ければ多いほど、時間もかかりますよね。「時間はないけど情報量は減らしたくない」というときに便利な機能が「マジック変換」です。Canvaのドキュメントに情報を入力すると、ワンタッチでプレゼンテーションのデザインへ変換できます（マジック変換によるプレゼンテーションの作成方法はLesson 14で詳しく紹介しています）。

1 ドキュメントを作成したら［マジック変換］→［プレゼンテーションに変換］をクリックします。

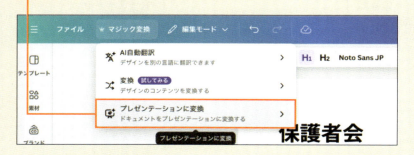

変換したプレゼンテーションは、さまざまなテンプレートからデザインが選べます。

Lesson 21 ［校務がはかどる実践例②ゲストティーチャーへの手紙］
心を込めたお礼の手紙をCanvaで彩ろう

このレッスンのポイント

心を込めた手書きの手紙も、デザインをひと工夫すると彩りが加わります。このLessonではポスターのレイアウトを使ってゲストティーチャーへ贈る手紙の表紙を作ります。短時間の「ちょっと使い」で大きな効果が生まれます。

》手書きの手紙に彩りを添える表紙作り

GIGAスクール構想によって一人1台デジタル端末を持つことが当たり前になった今、あらゆる場面でデジタル化が進んでいます。紙のノートからタブレットへ、手紙すらもデータで渡すケースも増えてきました。一方で、タッチパネルやキーボードを使って入力するのではなく「手書き」というアナログの文化は今も根強く残っています。

手書きを用いる代表的な場面が「手紙」です。大人の世界でも同じですが、手書きの手紙は書き手の気持ちや個性が感じられ、受け取った側も大切にしたくなるものです。学校ではゲストティーチャーや離任される教師などへ手紙を贈る場面がありますが、手書きならではの感動を覚えます。今回は手書きのよさはそのままに、Canvaで作った表紙を添えた手紙の演出方法をご紹介します。

(memo) 手書きの手紙は子どもたちの文字のよさもあります。デジタル化が進めばよりその価値は大きくなります。

》ポスターのレイアウトで手紙の表紙を作る

1 トップページを開き［デザインを作成］をクリックします。

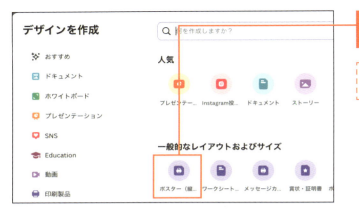

2 ［ポスター（縦（42×59.4cm））］を
クリックします。

写真やテキストを入れて表紙
を作成します。

左の画像では文字を回転さ
せて消防車のはしごに添わ
せてみました。

思い出の写真をレイアウトしたりCanva
のテンプレートや素材を活用したりして
オンリーワンの表紙を作りましょう。

👍 One Point

表紙はワクワクするデザインにしよう

受け取る相手が思わず見たくなる表紙にすることで、プレゼントとしての価値が高まります。さらに写真を使えば、思い出もリアルによみがえるでしょう。

表紙の一例

表紙に当日のハイライトとなる写真を使うことで、お世話になった方もそのときの景色が思い出されることでしょう。

Lesson 22

[校務がはかどる実践例③Google Classroom]
個性豊かなClassroomのヘッダーでコミュニケーションを活性化しよう

このレッスンのポイント

> Google Classroomのヘッダーは、子どもたちが毎日目にするからこそ工夫したいもの。Canva教育版に用意されているテンプレートを活用すれば、教師も子どもも個性豊かなヘッダーを作ることができます。ヘッダー作りはコミュニケーションの活性化にもつながります。

≫ ここでもテンプレートが活躍！

子どもたちが毎日目にするヘッダーは教室全体の雰囲気を変えますし、教師らしさを発揮できるツールでもあります。教師ならではの工夫が詰まったヘッダーは子どもたちとの会話のきっかけにもなり、コミュニケーションを深めてくれます。Canvaの大きな魅力の1つが豊富なテンプレート。なかでもCanva教育版では全国のクリエイターたちが作った授業や校務に使えるプロフェッショナルなデザインのテンプレートを無料で使うことができます。

(memo) 私は新年度に子どもたちに伝える大切な言葉をヘッダーに入れて表示しています。毎日目にする場所だからこそ子どもたちの心に響く言葉を選び、成長を促せるようにしたいと考えています。

Google Classroomのヘッダー用テンプレートも豊富

Google Classroomのヘッダーは堅苦しく考えず、カスタマイズを楽しんでください。例えばあなたがキャンプ好きなら、アウトドア風のデザインも素敵ですし、応援しているスポーツチームの要素を取り入れてみてもよいですね。教師や子どもの写真を使ったり、学級目標やスローガンを載せたりするのもおすすめです。毎日目にする場所だからこそ、子どもたちと一緒にワクワクできるようなヘッダーを作りましょう。

》テンプレートをカスタマイズする方法

1 テンプレートを選ぶ

1. トップページを開き［テンプレート］をクリックします。
2. ここに「Classroom ヘッダー」と入力して Enter を押します。

表示されたテンプレートの中から好きなデザインを選び、クリックします。

2 テンプレートをカスタマイズする

1. テンプレートを選んだら［このテンプレートをカスタマイズ］をクリックします。

プレゼンテーション作成などと同様の方法で、テキストや色、フォントの変更、画像の追加などが可能です（詳しくは各Lessonを参照してください）。

3 ヘッダーをダウンロードする

1 [共有]をクリックします。

2 [ダウンロード]をクリックします。

Google Classroomのヘッダーの作成は、デジタルツールに抵抗がある方のファーストステップにも最適です。Canva教育版であれば、テンプレートを選び、クリックやドラッグ＆ドロップといった直感的な操作を繰り返すだけで魅力的なデザインが作れます。ぜひ取り入れてみてください。校内の研修などにも向いているので、推進したい方におすすめです。

》子どもたちをヘッダー作りに挑戦させよう

デジタルツールを使った教室の装飾は、今や教育の一環として重要な役割を果たしています。Canvaを使ったヘッダー作りは教師たちがデジタルに親しむ第一歩であり、子どもにとっても新しい学びの機会となります。教師がヘッダー作りに慣れたら、子どもたちに挑戦してもらうのもおすすめです。週替わりで担当してもらえば、毎週バラエティーに富んだヘッダーが楽しめます。みんなでCanvaを使ったヘッダー作りに取り組むことで、作り方を教え合ったり、ヘッダーのデザインを話題にするようになったりとコミュニケーションも活発になります。デジタルがよりよいクラスの雰囲気作りに一役買ってくれるでしょう。

テンプレートを活用してみんなでカスタマイズを楽しみましょう。

Lesson 23

[校務がはかどる実践例④外国語教育]

教師たちが登場する動画を作って外国語の授業を盛り上げよう

このレッスンのポイント

Canvaを活用して教師たちによる外国語のオリジナル動画を作成します。子どもたちは外国語に親しみを感じながら学べるとともに、ネイティブスピーカーなども交えた動画など、学習方法のバリエーションも増やすことができます。

》編集も簡単なCanvaだからできるオリジナル動画

外国語の授業を行うとき、見ず知らずの外国人がスピーチしている動画を使っていませんか？ またはデモンストレーションとして、担任教師とALTのやりとりを一度見せただけで終わりにしていませんか？ 子どもたちの立場で考えると「知らない人が出ている動画はいまいち興味が湧かない」「デモを一度見ただけでは記憶に残らない」と思っているかもしれません。

学びやすい外国語の授業を行う策として、なじみのある教師たちが登場する外国語のスピーチ動画を作ってはいかがでしょうか。普段から子どもたちが慣れ親しんでいる教師たちが出演することで、外国語に親しみ、学びやすい環境が自然と生まれます。

Canvaの動画機能を使えば、スピーチ動画も手軽に作成できます。複数の動画をつなぎ合わせたり、字幕やコメントの追加といった編集作業も簡単です。

(memo) ALT（Assistant Language Teacher）は、学校に配属される外国語の指導助手です。

Canvaで作った外国語のスピーチ動画

教師たちが登場する楽しい動画を使えば、子どもたちの外国語への抵抗感も軽減しやすくなります。

》動画の種類を増やして外国語教育の質を高める

動画編集が手軽にできるCanvaを活用すれば、さまざまなパターンの動画教材を作れます。例えば、ネイティブスピーカーなど外国語が得意な人物に協力してもらえば、外国語教材としての質がさらに高まります。英語用の教材であれば、教師が発音のポイントを解説し、ネイティブスピーカーが実際に発音を示す流れにすることで、理論と実践を同時に学べます。また、外国語に不慣れな教師があえて出演するのもよいでしょう。「自分たちも先生みたいにがんばればできるんだ！」と、子どもたちのやる気を引き出すきっかけになるはずです。

学校で作成するオリジナルの動画教材の魅力は、**身近な人物が動画に出演できる**という点です。子どもたちの外国語に対する抵抗感が薄れ、スムーズな学びへとつながっていきます。

(memo) 知っている先生が出ていると、子どもたちは「あ！○○先生だ！」とうれしそうにしています。ちょっとしたひと手間ですが、効果は大きいです。

》外国語のオリジナル動画を作成するには

教師たちが出演する外国語スピーチ動画を作成する際の手順を具体的にご紹介します。

①出演依頼
担任教師だけでなく、複数の教師やネイティブスピーカー、旧担任など子どもたちが以前お世話になった方などに出演をお願いすると動画の効果も高まります。出演を依頼する際は、プロジェクトの目的や、どのような内容のスピーチをしてほしいかをしっかりと伝えましょう。

②撮影
出演者たちのスピーチを撮影します。スピーチの内容は、自己紹介や日常会話、簡単な挨拶など、シンプルでわかりやすいものが理想的です。撮影場所はできるだけ静かで明るい場所を選び、背景に余計なものが映らないようにするとよい仕上がりになります。

③編集
撮影が終わったらCanvaで編集します。Canvaの操作は直感的で、デジタルに不慣れな教師でもスムーズに進められます。動画の冒頭には表紙を挿入し、プロジェクトのタイトルや教師の名前を表示すると親切です。

④共有
動画をほかの教師や子どもと共有します。共有リンクを作成して送るだけで簡単に共有できるため、同学年での活用やご家庭の復習にも便利です（共有の方法はLesson 10で詳しく紹介しています）。Canvaを活用して、子どもたちにとって親しみやすく効果的な外国語の教材を提供しましょう。

》Canvaを使った動画編集

1. トップページを開き[動画]をクリックします。

2. 動画のサイズを選びクリックします（今回は[動画1080p]を選択）。

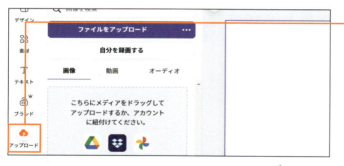

3. [アップロード]をクリックして、撮影した動画をドラッグ＆ドロップします。

Point｜まっさらな状態から作ってみよう

Canvaの動画機能は、テンプレートを使わずにまっさらな状態から始めるのがおすすめです。テンプレートに縛られることなく、自分のオリジナリティーを最大限に生かした動画を作成できるからです。豊富な素材を組み合わせて、世界に一つだけの動画を作り上げましょう。

4 [テキスト]→[テキストボックスを追加]をクリックして、テキストを入れます。

動画の任意の場所でテキストを入れてテロップが完成します。テロップのフォントやサイズ・色の変更も可能です。

👍 One Point

子どもたちが盛り上がる動画作りのコツ

・動画の中間部分に出演者の名前や役職のテロップを入れる
子どもたちが人物を認識しやすくなり、より楽しく学べます。
・簡単な字幕を入れると理解度アップ
Canvaのテンプレートを活用すれば魅力的な字幕が作れます。
・ワクワク感を高めるしかけ
「次は誰でしょう…?」というスライドを挟んでから次の先生の動画を出すと盛り上がります。
・イラストを入れる
関連するイラストを入れると理解が深まります。Canvaならイラストの挿入も簡単です。
・拍手や効果音を使う
YouTubeのように簡単な効果音を入れてもよいでしょう。拍手や「イエーイ」などの声を入れると子どもたちの興味を引くことができます。

》復習用の教材としても便利!

職員室の教師たちが出演するようなオリジナルの動画教材は、Canvaを活用すれば手軽に作成できます。ご家庭に共有すれば復習用の教材としても活用できますから、子どもたちが外国語に慣れ親しむための強力なツールとなるでしょう。外国語教育の質を高める動画作りにぜひ挑戦してみてください! 動画編集の細かい機能についてはChapter 4のLesson 37と38で紹介しています。

同学年の担任教師たちで共同で取り組むのもおすすめ。短時間で高品質な動画が作成できます。

Lesson 24 [職員室で使えるCanva時短テクニック①賞状作り]
子どもたちが喜ぶ賞状を時短で作ろう

このレッスンのポイント

賞状は、子どもたちに自信を持ってもらうための最適なツールです。Canva教育版では豊富な賞状のテンプレートがあり、カスタマイズも簡単です。さらに複数名の賞状をまとめて作成できる一括作成機能を活用すれば、賞状作りも時短できます。

》子どもたちが喜ぶ賞状デザインを時短で作成

賞状は努力が認められたことを形にするもので、子どもたちの意欲を引き出す大切な記念品となります。小学校では縄跳びの級が上がったときや、漢字・計算ドリルの修了といった具体的なゴールに対して賞状を贈ることが多いでしょう。賞状を贈ることで子どもたちは自分の成長を実感し、さらなるやる気を引き出すことができます。

Canva教育版では、優れたデザインの賞状を短時間で作成できます。豊富なテンプレートはもちろん、ぜひ活用したいのが複数の賞状をワンタッチで作成する**「一括作成」機能**です。例えば、クラス全員分の賞状を作るときは名前などを個別に入力する手間を省略できます。作業の時短になるとても便利な機能です。今回は縄跳びの表彰状を例に、一括作成機能を使った賞状作りを解説します。

memo Canvaでは作成した賞状をオンラインで印刷注文して、自宅や職場に届けてもらうこともできます。

》一括作成機能を使って賞状を作る方法

1 テンプレートから賞状を選ぶ

[テンプレート]から賞状のテンプレートを選びます。

「賞状　こども」などのキーワードで検索すると探しやすくなります。

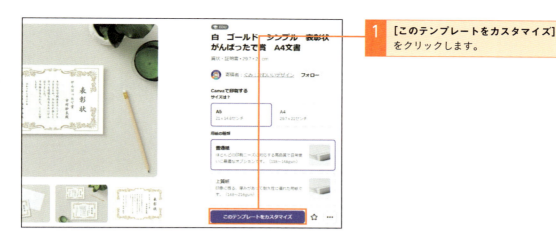

1 [このテンプレートをカスタマイズ]をクリックします。

2 個別に内容を変えたい欄をデザインに挿入する

1 「{技}」「{名前}」を挿入し、テキストを変更します。

{}で囲んだ部分は、この後作成するデータと連動して変化します。

3 使用するデータを入力する

1 画面左の[アプリ]→[一括作成]の順にクリックします。

NEXT PAGE → 097

一括作成

① ② ③

データを追加する

ExcelやCSVファイルなどの一般的なデータソースの何百というページをすばやく作成したり、データを手動で入力したりできます。

2 [データを手動で入力] をクリックします。

> 事前にExcelやGoogleスプレッドシートでデータを準備してある場合は、[データをアップロード] からアップロードできます。

3 セルをダブルクリックして一番上の行に「名前」、「技」と入力します。

4 セルをダブルクリックして個別のデータを入力して [Enter] を押します。

> 数字のセルをクリックするとセルを増やすことができます。

5 すべて入力が終わったら [完了] をクリックします。

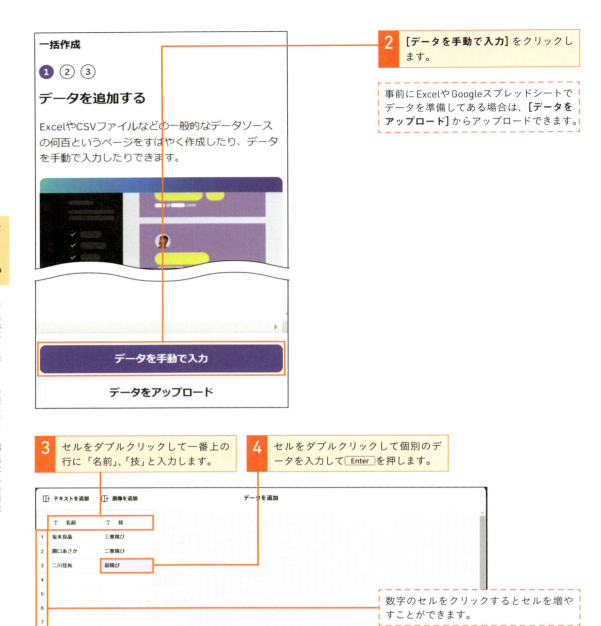

4 データを接続する

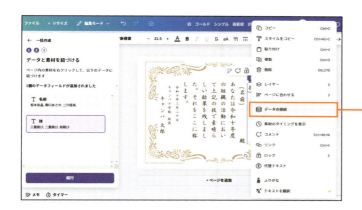

1 [{技}]を右クリックします。

2 [データの接続]をクリックします。

3 [技]を選択します。

同様に[{名前}]にもデータを接続します。

テンプレートによっては、「殿」の部分が固定されている場合があります。その場合は、「殿」のテキストボックスを複製するか、新たにテキストボックスを追加して「殿」を入力してください。

4 [続行]をクリックします。

5 ［○点のデザインを作成］をクリックします。

データが反映され、一括で作成できます。

一括作成後、個々の名前の位置が微妙にずれている場合は、調整が必要になります。名前のテキストボックスを選択し、上下に微調整することで、全体の見栄えをよくしましょう。

》表彰の機会を増やして子どもたちに自信を持たせよう

Canvaを活用した賞状作りは、子どもたちの成長を称え、彼らに自信を持たせるための素晴らしい手段です。魅力的なデザインに加えて、個別にカスタマイズされた特別感のある賞状を贈ることで、子どもたちは自分の努力が認められていることを実感します。Canva教育版を活用して、子どもたちが自信をつけられる場面を積極的に増やしましょう。

表彰は子どもたちの成長を感じるシーンであり、教師としても仕事の醍醐味を実感できる機会です。イチから賞状作りとなると時間的な負担が大きいですが、Canvaを使って時短できれば心にゆとりが生まれます。子どもたちが喜ぶ姿を想像しながら、ぜひ賞状作りも楽しんでください。

(memo) 賞状は、宿題をきちんと終わらせたり、小テストをがんばったり、係活動に貢献したりと、さまざまな場面で子どもたちの努力や成長を認め、スポットライトを当てるのに役立ちます。

顔写真を入れた賞状の例

👍 One Point

Canva教育版で賞状を作るメリット

・豊富なテンプレートを活用して特別感が出せる
特にがんばった子どもには少し豪華なデザインの賞状にするなど、一人ひとりの達成度に合わせた賞状を簡単に作成できます。

・賞状作りを時短してくれる「一括作成機能」
名前や賞のタイトル、等級など、個人で異なる内容をワンタッチで賞状に反映できます（事前に一覧データを準備しておくとスムーズです）。賞のタイトルは「がんばったで賞」や「優秀賞」など、子どもに合わせた努力をたたえるタイトルを設定するとよいでしょう。

・PDFでダウンロードできる
デザインが崩れることなくきれいな状態で保存できます。

Lesson 25 ［職員室で使えるCanva時短テクニック②新学期の制作物］
デジタルの時間割表作りで情報伝達をスムーズにしよう

このレッスンのポイント

今回は時間割表を例に、テンプレートを使った掲示物の作り方とデザインのPDF化について解説します。PDF化したデザインはGoogle Classroom上で子どもや保護者へ配布できます。情報伝達がスムーズになり、教室管理に役立ちます。

》時間割表のデザインもCanvaにおまかせ

新学期を迎える際は掲示物も作り直すことが多いのではないでしょうか？ Canva教育版には、時間割表や当番表といった新学期に必要な掲示物のテンプレートも豊富に用意されています。今までにご紹介してきたテンプレートと同様に、カスタマイズも自由自在。デザイン性に優れた掲示物を手軽に作成できるため、忙しい教師には大きな助けになります。

テンプレートはクラスの雰囲気や子どもたちの年齢に合わせて、最適なデザインを選びましょう。例えば、元気いっぱいな子どもたちにはカラフルでポップなデザイン、落ち着いた雰囲気のクラスにはシンプルでクリーンなデザインがぴったりです。教師のセンスも反映させながら、オリジナリティーあふれる時間割表を作りましょう。

Canva教育版のテンプレートで作った時間割表

時間＼曜日	月	火	水	木	金
1	家庭科	算数	総合	外国語	総合
2	家庭科	外国語	社会	体育外	算数
3	音楽	体育	道徳	音楽	図工
4	算数	国語	算数	算数	図工
5	理科	社会	国語	理科	社会／国語
6	クラブ委員会	国語	学活	理科	国語

5の1　時間割表

》オンラインで共有すればエコ＆時短になる

Canvaで作成した時間割表は簡単にオンラインで共有できます。Canvaで作成した時間割表をPDFや画像ファイルとしてダウンロードし、メールやGoogle Classroomなどを通じて保護者や子どもたちへ送信するだけでよいのです。子どもの人数分の時間割表を紙で印刷する必要もなくなれば、紙も時間も節約になります。修正が発生した場合も、簡単に更新や再配布できる点も便利です。子どもや保護者にとっても紛失の心配がなく、データで何度も参照できるため喜ばれます。

> 👍 One Point
>
> **Canva教育版で時間割表を作るメリット**
> ・豊富なテンプレートが使えてカスタマイズも自由
> 多彩なテンプレートの中から、クラスの雰囲気に合ったデザインが選べます。アイコンや画像などオリジナルの要素も追加できます。複数のクラスを担当している教師は、複製して少しデザインを変えるだけで複数の時間割表が短時間で作れます。
> ・オンラインで配布できるため、紙も作業時間も節約できる
> PDFや画像ファイルとしてダウンロードが可能です。メールやGoogle Classroomで配布すれば、大量に印刷する手間も省略できます。

》オリジナルの掲示物作りで学校生活をより楽しいものに！

掲示物は子どもたちと教師の距離を縮めるツールとしても重宝します。教師の好きな色を時間割表のテーマカラーにしたり、趣味や得意分野のデザインを加えたりすると、会話のきっかけにもなります。教師の人間性が感じられる時間割表は子どもたちにも親しみやすく、より一層信頼関係を深められるきっかけとなるでしょう。

Canvaを活用した時間割作りは、簡単・効率的でありながらクリエイティブな方法です。豊富なテンプレートやカスタマイズ機能を上手に使って、子どもたちがワクワクするオリジナルの時間割表を作りましょう。時間割表などの掲示物をデジタル化すれば、子どもや保護者への伝達スピードも速まり、教室管理もスムーズに進みます。子どもたちの学校生活をより楽しく、魅力的なものにするためにぜひ活用してください。

(memo) カラーで印刷したものを教室に貼るとパッと華やかになります。

作成した時間割表は、学校のホームページなどに載せてもよいですね！

》テンプレートを使った時間割表の作成方法

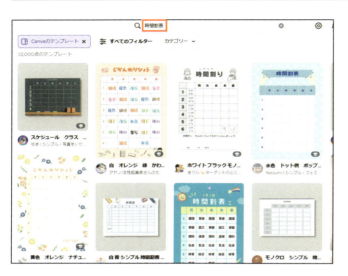

1 時間割表のテンプレートを選ぶ

テンプレートの探し方やカスタマイズ画面への移行方法はLesson 20で詳しく紹介しています。

[テンプレート]を開き「時間割表」と検索すると、時間割表のテンプレートの一覧が表示されます。

2 カスタマイズする

1. 変更したいテキストをクリックします。
2. [テキストの色]をクリックします。

テキストの内容を変更する場合はテキストをダブルクリックします。

3. 変更したい色をクリックします。

ポップなものやシンプルなものなど、多彩なテンプレートがあります。クラスの雰囲気に合わせて選びましょう。

3 PDFにしてダウンロードする

1 [共有]をクリックします。

2 [ダウンロード]をクリックします。

3 [ファイルの種類]のここをクリックして[PDF]を選択します。

4 [ダウンロード]をクリックします。

Lesson 26 ［教師の成長に役立つ実践例①校内研究］
直感的に伝わる資料作りで校内研究の質を高めよう

このレッスンのポイント

教師たちの研鑽の場である校内研究にもCanvaは役立ちます。構想図や研究紀要といった資料も簡単に視覚的にわかりやすいものが作成できるため、情報共有もスムーズです。Canvaの機能を中心に校内研究の資料作りへの活用方法を解説します。

» Canvaの活用で校内研究の質を高める

校内研究は教師たちが協力して研究を進め、その成果をほかの教師や関係者と共有することが求められます。Canvaのような直感的に操作できて共有も簡単なデザインツールを活用すれば、校内研究の一連のプロセスが円滑に進み、研究の質も高まります。

(memo) 考えを図式化したりわかりやすく表現することは教師にも必要なスキルです。それをスムーズにしてくれるのがCanvaです。

» 校内研究に役立つ3つのポイント

①「伝わる」研究構想図を作成できる

研究の目的や方法、予想される結果を明確にするための研究構想図は、研究の初期段階で重要な資料です。構想図はその名のとおり、文章だけではなく図式やイラストといった「図」を用いることで視覚的に伝える役割があります。とはいえ、伝えたいことを誰もがパッと図として形にできるわけではありません。この図式化、イラスト化をサポートしてくれるのがCanvaです。

Canvaの豊富な素材を活用することで、視覚で理解しやすい構想図を作成できます。研究の方向性がひと目で理解できれば、教師同士の情報共有もスムーズになるでしょう。

👍 One Point
直感的に伝わるペラ1枚の構想図
研究構想図を1枚にまとめることで、研究の進捗や成果をわかりやすく伝えることができます。これは、学校内での共有や外部関係者への説明に非常に効果的です。Canvaの豊富なイラストや図を活用すれば、細かく文章で補足をする手間も省略できます。

②「役立つ」研究紀要が作成できる

1年間の研究成果をまとめる研究紀要も、Canvaを使えば研究の足跡をミニマムに1枚に整理することが可能です。グラフやチャートを上手に使って視覚的に整理して効果的に伝えましょう。わかりやすい研究紀要は、次年度以降の研究にも役立つ重要な資料となります。

Canvaで作成した研究紀要

③共同編集機能でチーム力を強化

共同編集機能を使って複数の教師が同時に研究資料を編集できるようにすれば、作業もスムーズに進み、チームの連携が一層強化されます。最新の状態を全員がすぐに確認できるため、認識のずれも防げるでしょう。授業や校務もある中で行う校内研究はぜひ効率化したいもの。限られた時間で質の高いアウトプットを生み出す有効な機能です。

このように、Canvaを活用すれば校内研究における構想図や研究紀要をわかりやすく、そして魅力的に作成できます。視覚的に優れた資料は研究の方向性を明確にし、教師たちの理解を促進します。また次年度以降の研究にも生かせる良質な情報にもなります。Canvaを使って校内研究の品質を高めましょう。

》Canvaで見やすい資料を作るための3つの事前準備

Canvaを開く前に事前準備が大切です。ざっくりとしたイメージでかまいませんので、伝えたいことを頭に思い浮かべられるようにしましょう。参考に、私が普段行っているステップをご紹介します。

①主要なキーワードを絞り込む

まずは研究テーマや主題を設定した理由、学校教育目標、子どもや教師の現状など、重要なキーワードを絞り込みましょう。キーワードは研究の方向性を決定する大切な要素であり、構想図や研究紀要のベースとなります。研究の核となる部分をしっかりと整理し、キーワード同士がどう関連しているかを考えながら進めることがポイントです。

②手書きでデザインのラフを描いてみる

主要なキーワードをもとに、手書きでデザインのラフを描いてみましょう。ラフスケッチは構想図や研究紀要の全体的なレイアウトを考えるための大事なプロセスです。どの情報をどこに配置するか、矢印や線でどうつなげるかを考えながら、紙とペンを使って自由にアイデアを描いてみてください。視覚的にわかりやすい構成をイメージすると、後の作業がスムーズに進みます。

③Canva上で何度も作り直す

さまざまな人にフィードバックをもらいながら、デザインをより洗練させていくイメージで作りましょう。いきなりいいものを作ろうとせずに、ステップバイステップで進めるつもりで取り組むとよいでしょう。

》サイズは「ポスター」がおすすめ

Canvaでデザインする際、サイズは「ポスター（42×59.4cm）」がおすすめです。このサイズは印刷して資料として配布する際にとても便利です。

》レイアウトのサイズを指定する方法

1 トップページを開き[デザインを作成]をクリックします。

2 [ポスター（縦42×59.4cm）]をクリックします。

手書きのラフをCanvaで再現する

手書きで描いたラフをCanva上で再現しながら、キーワードや情報をテキストボックスに入力し、各要素を配置していきます。

研究テーマを上部や中心に配置し、キーワードなど関連のある事柄を矢印でつなげると全体像がわかりやすくなります。

アイコンやイラストを配置して視覚的な表現をプラス

画像やアイコンを適切に配置すると、視覚的に魅力的でわかりやすい資料が完成します。デザインの工夫によって、研究内容がより伝わりやすくなるのです。

完成したデザインはPDF形式で保存しましょう（PDF化はLesson 25で詳しく紹介しています）。PDFはどの環境でもフォントやレイアウトが崩れず表示されるため、安心して共有できます。印刷も簡単です。

Lesson 27 ［教師の成長に役立つ実践例②ワークショップ］
職員室開きはCanvaの動画作りで親睦を深めよう

このレッスンの
ポイント

多機能なCanvaは職員室の一体感を作るためにも役立ちます。今回は新年度におすすめのCanvaを使ったワークショップをご紹介します。自己紹介の動画作りによって教師の相互理解を深めるとともに、Canvaの魅力を体験する第一歩にもなります。

》新年度におすすめ！ 職員室開きのワークショップ

教師にとって4月は、異動などで新たに配属された教師たちを迎える出会いのシーズン。教師同士の親睦を深める「職員室開き」にはCanvaの活用がおすすめです。今回のLessonでは「Canvaを使った自己紹介のスライド動画作り」というワークショップを取り上げます。

このワークショップのキモは、スライド作りを教師たちが一緒に体験することです。スライドには個人の趣味や好み、教育者として大切にしていることなどを盛り込み、内容を充実させます。同じ時間を共有する中で、お互いのパーソナリティーを理解し、共通点を見つけたり、新たな発見をしたりできるでしょう。最終的にワークショップで作成されたスライドを1本の動画にまとめ、教師たちに共有します。動画は教師同士がコミュニケーションをとるきっかけにもなり、職員室に一体感をもたらす一助になります。

(memo) 仕事のことは話ができても個人的なことはなかなか話せなかったりします。このワークショップを通してお互いを知る第一歩にしましょう。

ワークショップの流れ

スライド作り → 動画にまとめる → 動画を観て相互理解を深める

》Canvaデビューにも最適

ワークショップは教師たちがCanvaに触れるよい機会にもなります。1枚のスライドを完成させる中で、画像の挿入やテキストの配置、フォントや色の選択といった基本的なデザイン操作が習得できます。

Canvaのシンプルな画面や直感的な操作方法はデジタルツールに不慣れな教師も安心して使えるはずです。ワークショップであれば、周りへ質問しながら取り組めますからデザインスキルも自然と向上するでしょう。ワークショップを通して、教師全員が授業や校務でCanvaを使う基礎が身に付けられるのは大きなメリットです。Canva教育版を学校全体へ導入するハードルも低くなるのではないでしょうか。

新しい出会いを喜び、成長し合える環境作りの第一歩として、Canvaを活用したワークショップをぜひ取り入れてみてください。

(memo) Canvaをさわったことがない先生にもとっつきやすいところから始めましょう。

Canvaで作成した自己紹介のスライド

Canvaは写真やイラストの挿入も簡単です。自分らしさの伝わるスライドを作りましょう。

》ワークショップの準備

ワークショップをスムーズに進めるための事前準備を解説します。参加者全員が魅力的なスライドを作れるように簡単なフォーマットを準備しておくと親切です。フォーマットは紹介してほしい基本要素を決めてスライド内に配置したものです。あらかじめ要素や配置を決めておけば、デザインやCanvaの操作に不慣れな方も安心して作成が進められます（動画の新規作成として作成します）。

》自己紹介用にスライドのフォーマットを作る

1 トップページを開き [動画] をクリックします。

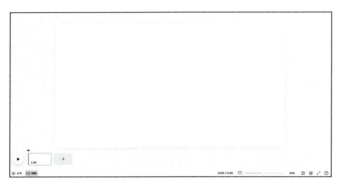

自己紹介に必要な要素を配置します。Canvaのテンプレートを参考にしてもよいでしょう。

自己紹介のテンプレート例

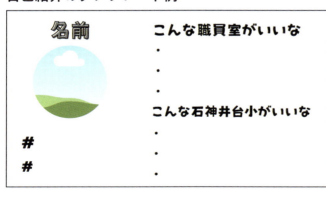

好きなことやこだわりを#（ハッシュタグ）で装飾するとデザインのアクセントになります。

> 👍 **One Point**
>
> **自己紹介のフォーマットに盛り込むおすすめの要素**
>
> 名前やプロフィール写真のほかに「教師として大切にしていること」「好きなこと」などを盛り込むと、一人ひとりのパーソナリティーが伝わり自己開示がしやすくなります。

》フォーマットを複製して共有する

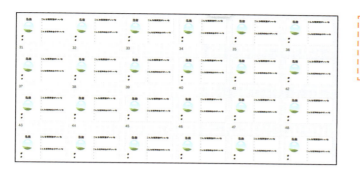

作成したフォーマットを複製します。参加者数＋予備に数枚用意しておきましょう（複製の方法はLesson 10で詳しく紹介しています）。

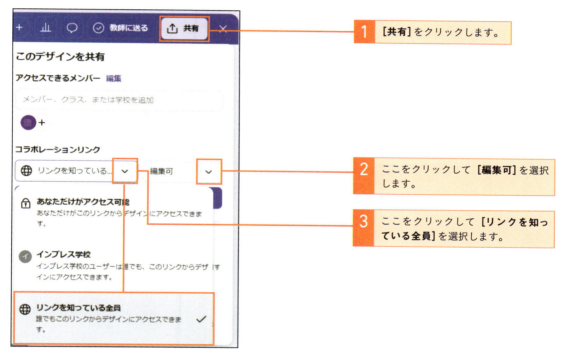

1 [共有]をクリックします。

2 ここをクリックして[編集可]を選択します。

3 ここをクリックして[リンクを知っている全員]を選択します。

4 [リンクをコピー]をクリックします。

コピーしたリンクをGoogle Classroomやメール、チャットなどで共有します。

NEXT PAGE → 113

》音楽を入れて1つの「作品」として完成させよう

全員分のスライドが完成したら、最後に動画の体裁を整えます。動画全体の時間配分やスライドの見た目の微調整を行って仕上げます。統一感があると視認性も高まり、プロフェッショナルな印象を与えます。1つの作品ですから、ぜひ音楽も挿入しましょう。アップロード機能を使って雰囲気の合う音楽を追加すると、音楽の長さや音量も調整できます。

》動画に音楽を挿入する方法

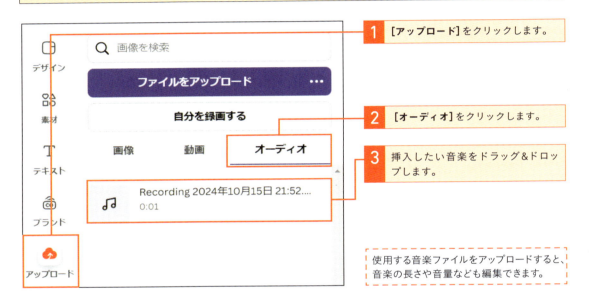

1 [アップロード]をクリックします。
2 [オーディオ]をクリックします。
3 挿入したい音楽をドラッグ&ドロップします。

使用する音楽ファイルをアップロードすると、音楽の長さや音量なども編集できます。

Canvaで作成した自己紹介のスライド

冒頭に表紙を付けるとよりプロフェッショナルな仕上がりになります！

Lesson 28

[ぜひ使ってほしい便利な機能]
紙の資料も自在に編集！
PDFの編集機能を活用しよう

このレッスンの
ポイント

ここでは私が重宝しているPDFの編集機能をご紹介します。「PDFは編集ができない」「編集するには特別な有料ツールが必要」と思っていませんか？ Canvaなら簡単な手順でPDFを編集できます。紙で残されている昔の資料も、PDF化すれば自在に編集して再利用できます。

》PDFのデザインも変えられる優秀な機能

日々の業務の中でPDFの書類やお便りに修正を加えたいとき、どうしていますか？ 多くの方は新たに文書を作り直すか、専用のPDF編集ソフトを使うかのどちらかで対応するでしょう。ところが、Canvaを使えばこれらの手間をかけずに誰でも簡単にPDFの編集ができます。
CanvaでPDFを編集する大きなメリットの1つが、デザインツールとしての機能を生かしながらPDFを編集できる点です。文字のフォントや色の変更、図形や画像の挿入など、基本的な編集はもちろん、さらに高度なデザインも可能です。PDFとしてのみ保存されているデータであっても自由にカスタマイズできる、とても優秀な機能です。

(memo)「PDFは編集できない」という概念が変わります。

》PDFの編集機能でアナログな情報もデジタル化

PDFの編集機能は紙のようなアナログな情報も簡単にデジタル化できるため、学校のさまざまな場面で大変役立ちます。紙の資料を持ち運ぶ必要もなくなりますし、紙でしか残っていない過去の書類も、PDF化すればすぐに編集して再利用できます。デジタル化された資料は共有も容易ですから、チームでの資料作成や編集作業がスムーズに進みます。物理的な保管スペースも不要になり、探す時間も削減されるでしょう。資料管理の効率化にも最適です。

》PDFを編集する方法

1 PDFをドラッグ＆ドロップでCanvaにアップロードする

事前に編集したいPDFを保存しているフォルダを開いておきましょう。

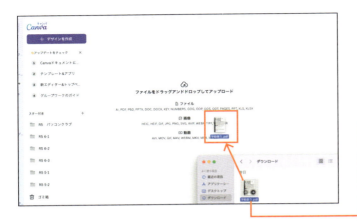

1 トップページを開きます。

Canvaのロゴか【ホーム】をクリックするとトップページに遷移します。

2 PDFをフォルダから選びトップページ内へドラッグ＆ドロップします。

2 PDFの編集画面を開く

学校便り.pdf
デザイン

1 トップページに表示されたPDFをクリックします。

画像を選択し移動・拡大・縮小ができます。またカーソルを合わせてダブルクリックすれば文章も変更できます。

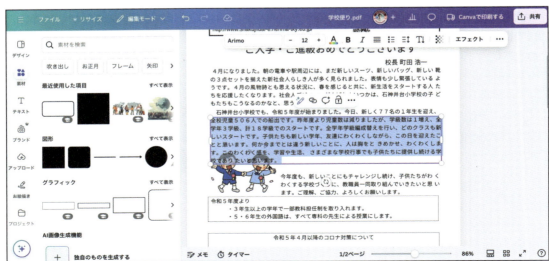

Chapter 3　まずは先生たちがCanvaの使い手に！ 職員室での活用法！

Chapter 4

特別支援教育を
もっと豊かに！
一人ひとりに寄り添う活用法

障害のある子どもの学びを広げ、表現力を高める授業の企画や教材作りへのCanvaの活用方法をお伝えします。

Lesson 29

[障害特性や困難さをサポートするCanvaの特徴]
障害特性や困難さに応じた Canvaの機能とは

このレッスンの
ポイント

Canvaは、あらゆるOSのデバイスで使用できるため、障害や困難さのある方は自分に合ったデバイスを選んで使うことができます。またさまざまな障害がある方の利用をサポートする「アクセシビリティ機能」も充実しています。ぜひ活用しましょう。

》自分に最適なデバイスを使えるよさ

Canvaはブラウザで動かせるアプリケーションです。インターネットにつながったパソコンであれば、OSに関係なく使えますし、アプリをダウンロードする必要もありません（Canvaはアプリも用意されているので、使いやすい方法を選べます）。つまり、自分が使い慣れているパソコンで、今すぐにでも使い始めることができるのです。例えば身体障害のある方は、スイッチデバイスや視線入力装置といった専用入力装置がより使いやすいWindows系のパソコンでCanvaが使える点はメリットです。学習障害や視覚障害のある方は、読み上げ機能などのアクセシビリティ機能がより充実しているMacやiPadでCanvaを使えます。このように、普段使い慣れているパソコンやタブレットを活用して**本人の最適な環境で使える点がCanvaの大きな魅力です。**

(memo) 子どもが使い慣れているパソコンや、子どもの「できる！」達成感や「やりやすさ」に着目してOSを選びましょう！

自分が普段使いしているデバイスでCanvaを使おう

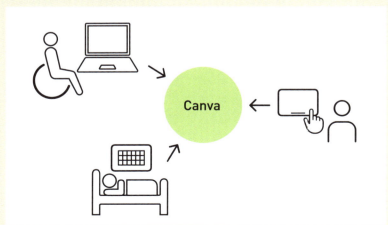

》一人ひとりに合わせて操作をサポートするアクセシビリティ機能

Canvaには、さまざまな障害や困難さを抱える方の操作をサポートするアクセシビリティ機能があります。細かく設定を変えることができるため、一人ひとりの状況に合わせてカスタマイズすることも可能です。

アクセシビリティ機能の設定方法

1 [設定]をクリックします。

2 [設定]を選択します。

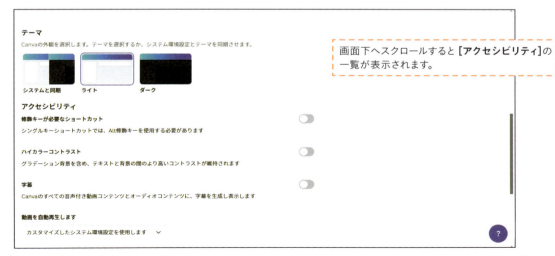

画面下へスクロールすると[アクセシビリティ]の一覧が表示されます。

困難さに応じてどのように設定したらよいのか、次のLessonから紹介していきますね！

Lesson 30

[押さえておきたいアクセシビリティ・配慮機能①視覚・読字]

「見えにくい」「読みにくい」を補助するアクセシビリティ機能

このレッスンのポイント

子どもの困難さに応じたCanvaのアクセシビリティ機能と設定方法を具体的に紹介していきます。このLessonでは「見えにくい」「読みにくい」といった困難さを和らげ、Canvaを使いやすくするための機能について解説します。

①文字が見えにくい・見えない

色の見え方は個人差がありますが、日本人男性の20人に1人、日本人女性の500人に1人の割合で、色の認識や識別に困難さがある「色覚障害（医学的には先天赤緑色覚異常）」がみられるといわれています。割合から考えれば、特別支援学校に限らずどの学校にも色の見えにくさを感じている子どもが在籍しているといえます。色覚障害がある方は、文字と背景のコントラストが低いと識別が難しかったり、大事な文言を記すときに使われる赤字などが見えにくかったりします。

Canvaには色覚障害などのように見えにくさを感じる方向けの機能として、背景と文字のコントラスト比を上げる2種類の機能があります。また、視覚障害がある方向けの画面読み上げ機能（スクリーンリーダー）を正確に使うための言語設定もできます。

(memo) 普段の授業の中で子どもたち自身に見にくい・読みにくい色・フォント・背景色などを確認しておくことをおすすめしています。

黒板の緑の地に書かれた赤い文字が読みづらい子どもの様子

あなたの担当するクラスにも見えにくさがある子がいる可能性があります。

≫ コントラスト比を上げる機能① 「テーマ」で外観を見やすく設定する

1 [設定]→[テーマ]の[ダーク]を選択します（[設定]の開き方はLesson 29で詳しく紹介しています）。

[ダーク]を選択すると外観の背景色が黒になり、文字が白く表示されます。[ライト]（背景色が白、文字が黒）と比較して、見やすい外観を選択しましょう。

≫ コントラスト比を上げる機能② 「ハイカラーコントラスト」を設定する

1 [アクセシビリティ]→[ハイカラーコントラスト]のトグルボタンをクリックしてオンの状態にします（[アクセシビリティ]の開き方はLesson 29で詳しく紹介しています）。

オンの状態は ✓ が表示されます。

[ハイカラーコントラスト]をオンにするとCanva操作画面の上部の青色のバーの背景色が白色になり、背景と文字のコントラストが高くなり、見やすくなります。
ちなみに、[テーマ]を[ダーク]に変えた状態で[ハイカラーコントラスト]をオンにすると、バーの背景色が黒になります。

NEXT PAGE → 121

［ハイカラーコントラスト］がオフになっている場合

［ハイカラーコントラスト］がオンになっている場合

［テーマ］を［ダーク］に変えた状態で［ハイカラーコントラスト］をオンにした場合

どの設定が一番見やすいか、子ども自身に選択させることが大切です。

》スクリーンリーダー（画面読み上げ）の言語を設定する

1 編集したいテンプレートを開き、[ファイル] → [設定] をクリックします。

2 [言語] をクリックします。

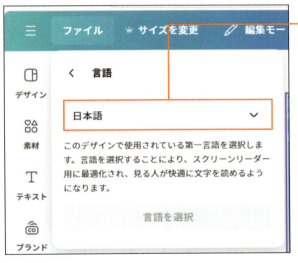

3 [言語] → [日本語] を選択します（※日本語を使う場合）。

漢字が中国語などで読み上げられる可能性があるため、言語設定は [日本語] にしておくとよいでしょう。

②漢字を含む単語や文章が読みにくい

Canvaでは機能が文字とアイコンイメージで表示されており、文字を読むことを苦手とする方にもわかりやすくなっています。さらに知的発達の遅れや学習障害などにより、漢字を読むこと自体に困難さがある方の利用をサポートする機能も充実しています。

すべてひらがな表示にする

Canvaの操作画面すべての文字をひらがなのみに切り替えます。

1 [設定]→[言語]のここをクリックします（[設定]の開き方はLesson 29で詳しく紹介しています）。

2 [にほんご（ひらがな）]を選択します。

小学校低学年の子どもにおすすめの機能です。

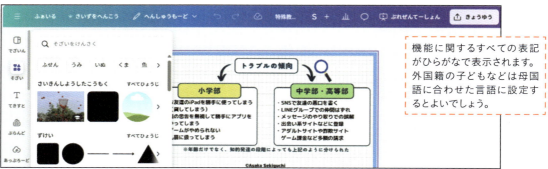

機能に関するすべての表記がひらがなで表示されます。外国籍の子どもなどは母国語に合わせた言語に設定するとよいでしょう。

Lesson 31

［押さえておきたいアクセシビリティ・配慮機能②聴覚・操作］

「聞こえにくい」「動かしにくい」
を補助するアクセシビリティ機能

**このレッスンの
ポイント**

子どもの困難さに応じたCanvaのアクセシビリティ機能と設定方法を具体的に紹介していきます。このレッスンでは「聞こえにくい」「動かしにくい」といった困難さを和らげ、Canvaを使いやすくするための機能について解説します。

① 音声が聞こえにくい・音の取捨選択ができない

聴覚障害による聞こえにくさや聴覚過敏などによって、周りの環境音と聞き取りたい音の取捨選択が難しい方向けの機能を紹介します。これらの機能は「聞いたことを頭で言語化してイメージすることが難しい」「テキストで読んだほうがわかりやすい」という子どもにもおすすめです。字幕機能を使えば、動画編集ソフト等で教師が動画の字幕を作成せずに済みます。

(memo) この機能を使えば、多くの人が動画の内容を理解しやすくなります。

字幕がなくてよくわからない子どもの様子

動画編集の知識がなくても誰でも簡単に設定できます。

Chapter 4　特別支援教育をもっと豊かに！一人ひとりに寄り添う活用法

》動画とオーディオコンテンツに字幕を付ける

字幕
Canvaのすべての音声付き動画コンテンツとオーディオコンテンツに、字幕を生成し表示します

> 1　[アクセシビリティ] → [字幕] のトグルボタンをクリックしてオンの状態にします（[アクセシビリティ] の開き方はLesson 29で詳しく紹介しています）。

> 音声付き動画やオーディオデータをCanvaのテンプレート（スライドやチラシなど何でもOK）に挿入します。

> 2　画面右下の [全画面表示] をクリックします。

> 再生すると自動的に音声が字幕として表示されます。Canvaにある素材はもちろん、アップロードしたオーディオデータにも字幕がつきます。

❱❱ ②手や指が動かしにくく操作が難しい

身体障害やケガなどによってパソコンの操作が難しく、Canvaを使いにくい方向けの機能を紹介します。Canvaには、**デザイン作成を容易にするショートカットキーが用意されています。**身体障害がある方向けのアイテム（キーボードやマウス、視線入力装置などの入力補助装置など）やデバイスのアクセシビリティ機能と併用して、Canvaを快適に使う環境を整えてあげましょう。

❱❱ ショートカットの使い方

CanvaにはMacとWindowsそれぞれに合わせたさまざまなショートカットキーが用意されています。該当するアルファベットなどのキーボードを押すだけで、テキストボックスや図形などが出現します。

キーボードショートカットキーの例（Windowsの場合）

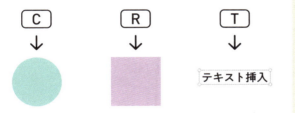

❱❱ ショートカット機能をオフにしたい場合

手の震えや麻痺などによる誤操作を防ぎたい場合は、Canvaのショートカット機能をオフにできます。［設定］→［アクセシビリティ］→［修飾キーが必要なショートカット］をオンにします。
オンにすると、円を出現させたいときには Alt キーを押しながら C を押す必要があります。Canva独自のショートカット機能のみオフになり、Ctrl ＋ V （貼り付け）など、OS全般で採用されているショートカットはオフにしても使用できます。

ショートカット一覧はこちらから確認できます（CanvaのWebサイト）。

1 ［アクセシビリティ］→［修飾キーが必要なショートカット］のトグルボタンをクリックしてオンにします。

Lesson 32 [押さえておきたいアクセシビリティ・配慮機能③デザインのチェック機能]

デザインのアクセシビリティチェックで多くの子どもに配慮したテンプレートを作ろう

このレッスンのポイント

教師が色覚障害のある子どもの見えにくさを考慮して教材を作ることは難しいかもしれません。そこで自分が作ったテンプレートのデザインについて、見えにくい部分や読みにくい部分を自動でチェックしてくれるCanvaの便利な機能を使ってみましょう！

》見えづらさや読みづらさを自動でチェックしてくれる

Canvaにはデザインのアクセシビリティをチェックしてくれる機能があります。これは作成したデザインが、見えづらさや読みにくさなどがある方にとって問題点があるかどうかをチェックしてくれる機能です。問題点があった場合は、おすすめの色の候補を出してくれたり、画像に説明（キャプション）を入れるよう提案してくれたりと、専門的な知識がなくても、多くの人にわかりやすいデザインを作成することができます。

(memo) おたよりや学校案内など、多くの人向けのものを作る際にもぜひ使いたい機能です。

今回は意図的に見づらいデザインで作成した「運動会のお知らせ」を例に、アクセシビリティのチェック機能を使って見やすいデザインへ修正します。

見えづらいデザインの例として使用する「運動会のお知らせ」

このままでは色のコントラストが低く、文字が読みづらいですね。

Chapter 4 特別支援教育をもっと豊かに！一人ひとりに寄り添う活用法

》デザインのアクセシビリティをチェックする

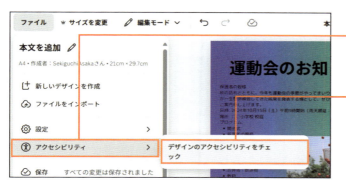

1 編集したいテンプレートを開き、[ファイル] → [アクセシビリティ] を選択します。

2 [デザインのアクセシビリティをチェック] をクリックします。

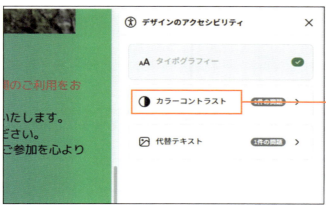

問題点がある項目には問題の件数が表示されます（代替テキストについては後述します）。

3 [カラーコントラスト] をクリックします。

具体的な理由と推奨テキストカラー（今回は黒）が提案されます。

4 推奨されたテキストカラーのアイコンをクリックします。

問題箇所の文字色（赤）が推奨テキストカラー（黒）に変換されます。

One Point

「代替テキスト」とは？

認知や視覚に障害がある方が画像や動画の内容を把握しやすくするために、内容説明を文章で保存するアクセシビリティ機能の1つです。読み上げ機能などを使うと、代替テキストとして保存した説明が音声で流れます。

≫デザインのアクセシビリティチェックの結果から代替テキストを入力する

1 [代替テキスト]をクリックします。

2 挿入した画像の説明文を入力します。

3 [保存]をクリックします。

Lesson 33 ［使ってほしい特別支援教育ツール①テンプレートの検索］
特別支援教育向けのテンプレートを活用しよう

このレッスンのポイント

Canva教育版には、厳しい審査を突破した世界中の教育に特化したクリエイターが作成した膨大な教育専用テンプレートが用意されています。ほしいテンプレートを見つけやすくするテクニックとして、フィルター機能やオリジナルの検索キーワード集をご紹介します。

▶ Canva教育特化クリエイターのテンプレートを使いこなそう！

Canva教育版の大きな魅力の1つが、Canva教育特化クリエイターたちが作成した教育専用テンプレートが使えるという点です。特別支援教育に特化したテンプレートも豊富にあり、教師が子どもの状態に応じて自由に編集することもできます。**テンプレートを使いこなす最大のコツは、学習目的に合ったテンプレートをスピーディーに検索すること**です。膨大なテンプレートからどうやって目的に合ったものを見つければよいか、検索のコツを詳しく解説します。特別支援教育向けテンプレートの検索キーワード集もぜひ参考になさってください。

(memo) Canva教育特化クリエイターは、教師の資格を持ち特化型プログラムの承認を受けたCanva公式クリエイターです。

フィルター機能を使って教育向けのテンプレートのみ表示する

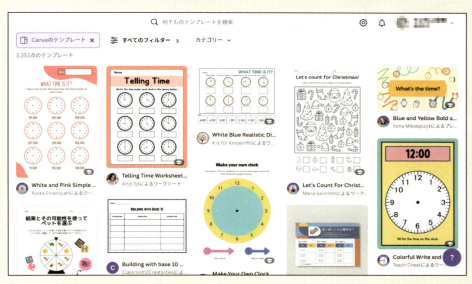

》フィルター機能で教育用テンプレートを素早く見つける

例として、時計の見方を学習するためのテンプレートを探してみます。

1 キーワードで検索する

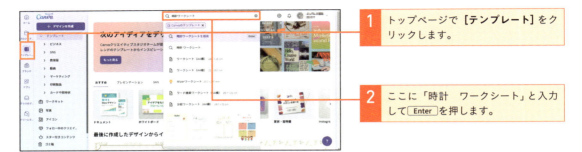

1. トップページで[テンプレート]をクリックします。
2. ここに「時計　ワークシート」と入力して Enter を押します。

検索結果には10,000件のテンプレートが表示されます。

2 フィルター機能で絞り込む

1. [すべてのフィルター]をクリックします。

2 [フィルター]の[教育][数学]にチェックを入れます。

スタイルやテーマ、学年・教科などさまざまなカテゴリーで絞り込むことができます。

3 [適用]をクリックします。

検索結果に教育向けのワークシートのテンプレートのみが表示されます。

フィルター機能を使えば効率的に検索できますね！

特別支援教育向けテンプレートの検索キーワード集

学習目的	入力キーワード	学習目的	入力キーワード
数字の書き練習	number tracing	語彙（動物・色・動詞・感情など）	○○vocabulary
数（数える）	count ワークシート	フラッシュカード	フラッシュカード
足し算	足し算ワークシート	はさみの練習	cutting worksheet
引き算	引き算ワークシート	迷路	迷路
運筆（線のなぞり）	tracing lines	間違い探し	difference worksheet
運筆（図形のなぞり）	tracing shapes	ぬりえ	ぬりえ
朝の準備・仕度	morning routine (checklist)	手の洗い方	手洗い
賞状	賞状	スタンプカード	スタンプカード／ポイントカード

表を参考に、いろいろなキーワードを入れて検索してみてください。

Lesson 34

[使ってほしい特別支援教育ツール②AIを使ったテンプレートの編集]

マジック作文で子どもの状態に合う教材を時短で作ろう

このレッスンの
ポイント

学習目的に合ったテンプレートを子どもの状態に合わせて編集しましょう。英語表示のテンプレートを日本語に直して使いたい場合や、読みやすい文章、目的に合うイラストや写真を使いたい場合などに使える便利な機能を紹介します。

》英語表記から日本語表記へ一瞬で変換

デザインが気に入った英語のテンプレートを使う場合、「1つひとつのテキストを日本語に変えるのは面倒だな……」そう感じる方も多いかと思います。そのようなときにおすすめの、テンプレート内の英語表記を日本語表記へ一瞬で変える便利な方法を紹介します。

(memo) 翻訳や文章の編集など時間のかかる作業はAIを使って時短しましょう！

》AI自動翻訳で英語表記を日本語表記へ変更する

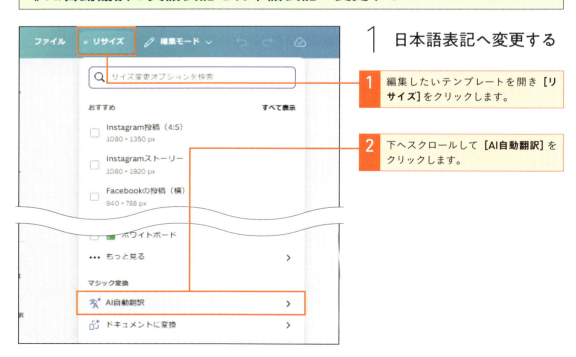

1 日本語表記へ変更する

1 編集したいテンプレートを開き [リサイズ] をクリックします。

2 下へスクロールして [AI自動翻訳] をクリックします。

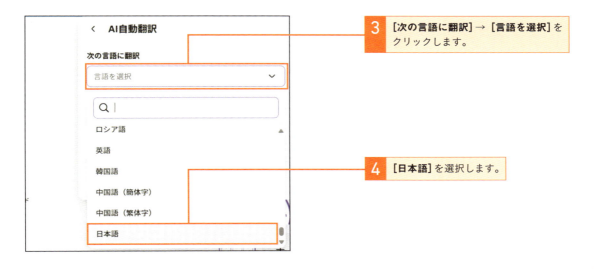

3 ［次の言語に翻訳］→［言語を選択］をクリックします。

4 ［日本語］を選択します。

2 文章のトーンを選ぶ

翻訳後の文章のトーンを会話調やビジネス調などに変更することができます（今回はオリジナルを選択）。

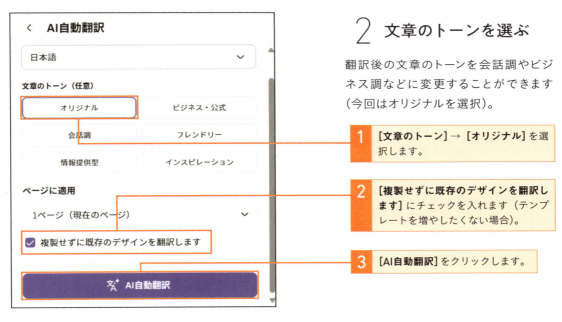

1 ［文章のトーン］→［オリジナル］を選択します。

2 ［複製せずに既存のデザインを翻訳します］にチェックを入れます（テンプレートを増やしたくない場合）。

3 ［AI自動翻訳］をクリックします。

自動的に英文が日本語に翻訳できました。

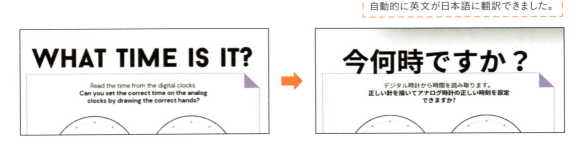

》マジック作文機能で子どもが楽しく読みやすい文章に編集

「日本語に翻訳したけれど、なんだか堅苦しい」「漢字が読めない子どもにも使いたい」というときには、AIを搭載したマジック作文機能を使いましょう。自動で子ども向けの文章に編集したり、漢字からひらがなへ変換したりできます。

(memo) マジック作文機能は、役割が生徒に設定されたアカウントは利用できません（自治体版のCanva教育版は生徒にも利用を許可できます）。

》子ども向けの文章に変える方法

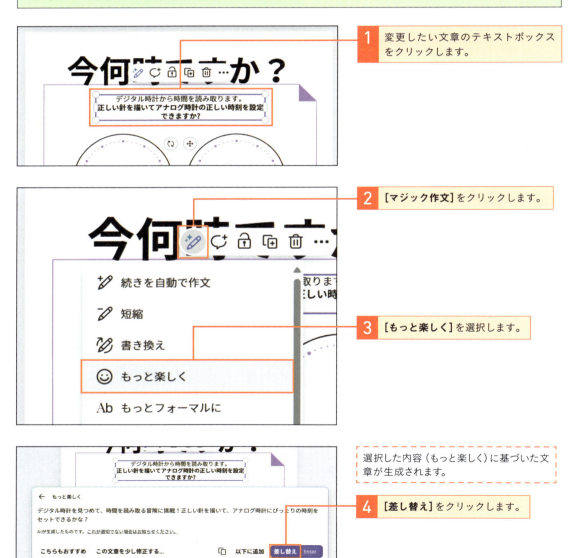

1 変更したい文章のテキストボックスをクリックします。

2 [マジック作文]をクリックします。

3 [もっと楽しく]を選択します。

選択した内容（もっと楽しく）に基づいた文章が生成されます。

4 [差し替え]をクリックします。

≫ 文章をひらがなに変える方法

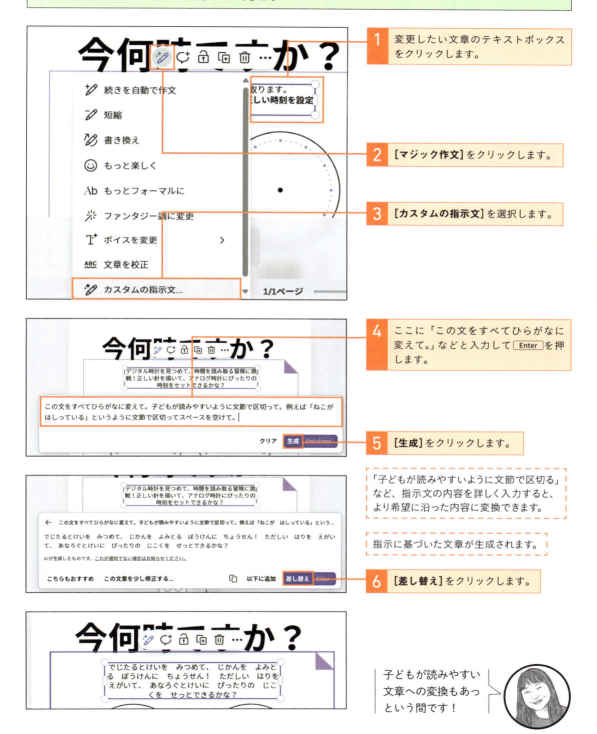

1 変更したい文章のテキストボックスをクリックします。

2 ［マジック作文］をクリックします。

3 ［カスタムの指示文］を選択します。

4 ここに「この文をすべてひらがなに変えて。」などと入力して Enter を押します。

5 ［生成］をクリックします。

「子どもが読みやすいように文節で区切る」など、指示文の内容を詳しく入力すると、より希望に沿った内容に変換できます。

指示に基づいた文章が生成されます。

6 ［差し替え］をクリックします。

子どもが読みやすい文章への変換もあっという間です！

Lesson 35 ［使ってほしい特別支援教育ツール③素材の検索テクニック］

豊富な素材を使いこなして発達段階に合わせた教材を作ろう

このレッスンのポイント

子どもの発達段階に合わせた教育が大切な特別支援教育にとって、およそ1億点の素材を無料で使用できるCanva教育版は最強の教材作成ツールといえます。このLessonでは効率的な素材検索のテクニックをご紹介します。

》イラスト・写真・動画・音声など発達段階に合う素材が見つかる

特別支援教育では、イラストや写真・動画などの視覚的な教材の活用が効果的です。障害がある子どもの理解を助け、学習意欲を高めることができます。従来は教師がネット上で画像を検索し、ダウンロードしてから教材を作成するまで多くの時間を費やしていました。特に動画素材を見つけるのは難しく、教師自身が撮影することもありました。

しかしCanvaを利用することで、このプロセスが大幅に簡素化されます。Canvaには1億点を超える素材が用意されています。イラストや写真、動画、音声素材など多彩な素材がありますから、ネット上で画像を探す手間が省け、必要な素材をすぐに教材に取り込めるようになるのです。

(memo) Canva内で素材の検索が済みます。もちろんネット等でダウンロードした画像を入れることもできます。

素材の一例（「ねこ」に関連する素材）

［グラフィック］［写真］［動画］などのタブをクリックすると素材の種類別に絞り込んで表示されます。

音声素材(オーディオ)も豊富

[オーディオ]をクリックすると、鳴き声や猫が走る音、ひっかく音など「ねこ」に関するさまざまな音声素材が表示されます。

♫(音符)マークをクリックすると視聴できます！

≫ 学校教育活動で使用する際は著作権侵害の心配もなし

ネット上の素材を使用する際に心配なのが、著作権侵害のリスクではないでしょうか。ネットで見つけた画像を学級だよりに使用して配布し、著作権法に抵触したとして学校や先生自身が訴えられるケースが問題となっています。Canva教育版を使った場合、学校教育活動の範囲では著作権侵害を気にせずに使用できるようになっています。視覚的な教材が求められる特別支援教育において、豊富な素材を自由に使えるCanvaは非常に魅力的です。教師の負担を軽減し、子どもの学びをサポートしてくれます。

(memo) Canvaの素材は著作権フリーというわけではありません。学校教育活動以外の場や商用利用等に関しては必ずガイドラインを確認しましょう！

≫ 素材がうまく見つからないときのテクニック①複数キーワードで検索

「ほしい素材がなかなか見つけられない」というときにおすすめの検索テクニックを2点ご紹介します。ぜひご活用ください。
まずは複数のキーワードを使って検索するテクニックです。例えば「猫がねずみを追いかける画像」のように、具体的な状況を表す素材をピンポイントで探したい場合は、「ねこ　ねずみ　おいかける」と単語の間にスペースを空けて検索したり、「ねこがねずみを追いかける」と入力したりすると、見つけやすくなります。

1. 「ねこ　ねずみ　追いかける」と入力して Enter を押します。

ピンポイントで検索できるようになると作業が大幅に時短できます！

》素材がうまく見つからないときのテクニック②英文で検索

Canvaはもともと英語をベースとして作られているため、日本語独特の言い回しで検索してもほしい画像が見つからない場合があります。こうした場合は英文を使って検索すると見つけやすくなります。正確な英語表現を使うために外部の翻訳サービスを併用すると便利です。例として翻訳ツール「DeepL翻訳」を使って翻訳します。

「遠足に行く」を日本語で検索した場合(左)と英語で検索した場合(右)

> 「学校に行く支度」に関する素材を英文で検索する

1 翻訳ツール「DeepL翻訳」で日本語の文を英文に翻訳する

ブラウザから「DeepL翻訳（https://www.deepl.com/ja/translator）」を開きます。

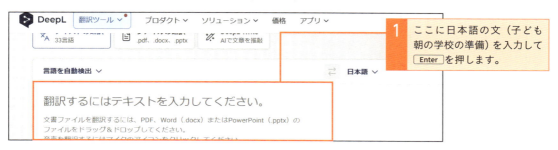

1 ここに日本語の文（子ども 朝の学校の準備）を入力して Enter を押します。

2 翻訳された英文をコピーします。

2 翻訳した英文を使ってCanvaの素材を検索する

1 ここにコピーした英文（Child Preparing for morning school）を貼り付けて Enter を押します。

日本語の検索でほしい素材が見つからないときは英文の検索がおすすめです！

Lesson 36 ［使ってほしい特別支援教育ツール④マジック生成で素材作り］
AIを搭載したマジック生成機能でオリジナルの素材を作ろう

このレッスンのポイント

空想的なイメージの素材を使いたい場合など、Canvaの素材の中にほしい素材がないという場合もあります。そのようなときは、マジック生成機能でオリジナルの素材を作成しましょう。画像やアイコンのようなグラフィック、動画も作れる便利な機能です。

》AIを使って画像を生成する「マジック生成」

例えば「サンタクロースがトナカイと海で泳いでいる」といった空想的な状況の素材は、そもそも素材がない、という場合もあります。こうした場合は、マジック生成機能を使って自分で素材を作る方法があります。マジック生成機能は作成したいものを文章で指示するだけでオリジナルの素材を生成してくれます。画像はもちろん、アイコンのようなグラフィック、動画なども生成できます。

なお、画像を生成して子どもに提示する際には、子どもの知的発達段階を考慮しましょう。本当に「ある」「いる」「できる」と思い込んでしまうことにつながる可能性があります。

(memo) イラストだけでなく写真や動画も生成できます。

「画像が見つからない」と思ったら、AIで生成してみましょう！

👍 One Point
マジック生成で画像を作成するコツ
- 「誰が、どこで、誰と、何を、どうしているのか」の5W1Hで記述する
- 抽象的な表現は避けましょう。電話で相手に伝えるときのように具体的に記述することを意識するとよいです。

》マジック生成機能で「サンタクロースがトナカイと海で泳いでいる」画像を作成する

1 [マジック生成]をクリックします（左サイドバーを下へスクロールすると出てきます）。

2 [画像]をクリックします。

サイドバーにないときは、サイドバーの[アプリ]→[Canvaのその他のアプリ]から[マジック生成]を選択します。

3 ここに作成したい画像の説明を入力して Enter を押します。

4 [画像を生成]をクリックします。

しばらくすると「サンタクロースがトナカイと海で泳いでいる」画像が生成されます。使いたい画像をクリックするとプレゼンテーションに挿入されます。

Lesson 37 ［特別支援教育向けの教材作り①合成動画の編集］
動画編集機能を使って学習を盛り上げる動画を作ろう！

このレッスンの
ポイント

Canvaはさまざまな動画編集機能を備えています。このLessonでは、知的障害のある子ども向けの英語教育教材を例に、楽しい合成動画の作り方を解説します。子どもが楽しみながら学べる環境作りに活用してください！

》 オリジナル動画を使って英語の授業を盛り上げる

私は長年にわたって知的障害のある子どもへ英語の授業を行っていますが、授業を盛り上げるためにオリジナルの動画教材を作成しています。例えばまるで本物のサンタクロースからメッセージが来たように感じる動画など、子どもが楽しめる演出を加えると授業が非常に盛り上がります。今回は、英語の授業で私が演じている「キャサリン」からのビデオメッセージを題材に、動画の編集方法を詳しく紹介していきます。

(memo) ハロウィンならかぼちゃのおばけ、クリスマスならサンタクロースが登場する動画など、季節に合わせたオリジナル動画も授業が盛り上がります！

》 動画編集機能で合成動画をサクッと作ろう

Canvaを使えば手軽に動画が編集できます。動画編集用のソフトを使わなくても、専門的な編集スキルがなくても大丈夫です。背景の変更や音声追加といったさまざまな演出を加えることができます。
動画のカットやトリミング、テキストやスタンプの追加も簡単に行えます。さらに、テンプレートを活用すれば、プロ並みのクオリティーの動画があっという間に完成します。初心者から上級者まで、誰でも直感的に操作できるのが魅力です。

》 動画の編集方法①背景削除

白紙の動画テンプレートを開き、使いたい動画をアップロードしておきます**（操作方法はLesson 23で詳しく紹介しています）。**

動画をアップロードしてテンプレートに貼り付けた状態

1 貼り付けた動画をクリックし、[編集]をクリックします。

2 [背景除去]をクリックします。

背景が削除されます。

動画を撮る際は背景にできるだけ物がない場所で撮影するときれいに背景が除かれます。

NEXT PAGE → 145

》動画の編集方法②動画を組み合わせて背景を設定する

背景を削除したら、ハワイのビーチ風の動画を背景に組み合わせて臨場感を持たせます。Canvaでは動画の上に動画を重ねることができます。宇宙や水中、雪景色など、さまざまな動画を背景として使うと臨場感いっぱいの面白い合成動画が作成できます。

1 背景にする動画素材を選ぶ

1 [素材]をクリックします。

2 ここに「ハワイ　ビーチ」と入力して Enter を押します。

3 [動画]をクリックします。

4 使いたい動画をクリックします。

2 動画の配置を変える

人物が映っている動画がビーチの動画の上に配置されるようにします。

1 ビーチの動画をクリックし［配置］をクリックします。

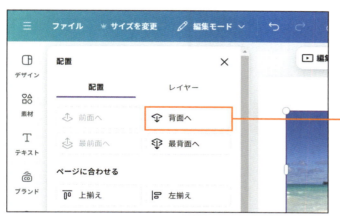

2 ［配置］→［背面へ］をクリックします。

ビーチの動画が人物の動画の背面に配置されます。

3 動画のサイズを調整する

背面に移動したハワイのビーチの動画と人物動画のサイズや位置のバランスを自然な印象になるように整えます。

1. 大きさを変えたい動画（ビーチの動画）をクリックします。
2. 白い丸をクリックしたまま斜め下にドラッグします。

2の操作を4隅の白い丸に対して行い、全体の大きさを調整しましょう。

4 動画の配置を変更する

1. 移動したい動画（人物の動画）をクリックしたまま下に移動させます。

動画をクリックしたまま上下左右にドラッグすると移動できます。

Lesson 38

[特別支援教育向けの教材作り②動画の音声編集]

音の素材を取り入れて動画に臨場感を出そう

このレッスンの
ポイント

動画に臨場感や迫力を与えるのに効果的なのが「音」です。Canvaに用意されている音の素材を活用して、魅力的な動画教材を作成しましょう。音の素材の選び方や動画に組み合わせる方法をご紹介します。Lesson 37で作成した動画教材に音の素材を組み合わせてみます。

》ハワイアンな音楽や波の音を使って臨場感を出そう

今回の動画では、ハワイのビーチにいるような臨場感を出すために音の素材を活用します。ハワイアン風の音楽や波の音などが聞こえると、子どもも陽気なハワイをイメージしやすくなります。Canva教育版では楽曲や自然の音など、さまざまな音の素材が自由に使えます。

(memo)海・波・カモメ・ウクレレなど動画に関連するものを検索してみましょう！

ハワイアン風の音楽と波の音を使ってハワイのビーチにいるような臨場感を演出

楽曲はもちろん、自然の音などの素材も多数あります。音素材を使いこなして臨場感を高めましょう！

》音の素材を動画に組み合わせる方法

1 音の素材を選ぶ

1 **[素材]**をクリックします。
2 ここに「ハワイ　ビーチ」と入力して Enter を押します。
3 ここ（右矢印）をクリックします。
4 **[オーディオ]**をクリックします。

気になる曲や音の素材をクリックすると試聴できます。

2 動画へ音の素材を追加する

1 使いたい素材をクリックしたままテンプレートの中へドラッグ＆ドロップします。

動画に音の素材が追加されます。

👍 One Point

音の素材のダブル使いもできる

「音楽+波の音」というように、音の素材を重ねて使うこともできます。1つ目の素材を追加するのと同様の方法で追加できます。

》音量を調整する方法

「BGMが大きくて動画のセリフが聞こえない」ということがないように、音の素材の音量を調整します。

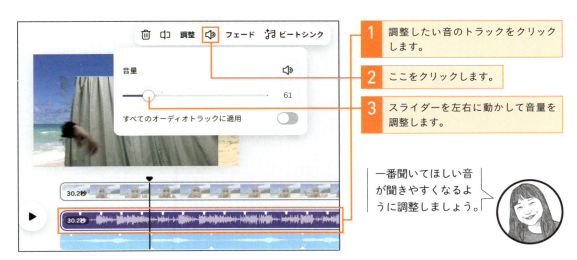

1 調整したい音のトラックをクリックします。

2 ここをクリックします。

3 スライダーを左右に動かして音量を調整します。

一番聞いてほしい音が聞きやすくなるように調整しましょう。

Lesson 39

[特別支援教育向けの教材作り③動画の共有方法]
用途に応じた動画の共有方法を覚えよう

このレッスンの
ポイント

Canvaでは用途に応じた方法で動画を保存したり共有したりできます。授業で使う場合、全校放送など大人数が集まる会場で1つのスクリーンに映し出す場合、ほかの動画編集ソフトで編集を加えたい場合など、用途に合った方法をご紹介します。

》**授業や全校放送など、動画データは用途に応じた方法で共有**

Canvaは作成した動画をMP4形式でデータとしてダウンロードすることができます。またデバイスのデータ容量が心配な方におすすめなのが「閲覧専用リンク」で共有する方法です。用途や状況に応じて使い分けましょう。

ちなみに今回ご紹介した動画教材は、授業で使用する前にMP4形式でダウンロードし、動画編集アプリを使って字幕を付けました。授業で子どもに見てもらう際は、公開閲覧リンクを子どものiPadに共有し、どの子のデバイスでも見られるようにしました。

また全校放送で流す際はMP4形式でダウンロードし、放送担当者へデータを送りました。全校放映された際には、子どもたちも「キャサリンだー！ キャサリンがテレビに出てる！」と言いながら楽しそうに映像を見ていました。

(memo) 動画はデータ容量が大きいため、用途に合った共有方法を知っておくと便利です。

字幕を付けたキャサリンの動画

全校放送の様子

》動画をMP4形式でダウンロードする方法

別の編集ソフトなどで加工したい場合など、動画をさらに編集したい場合に便利な方法です。

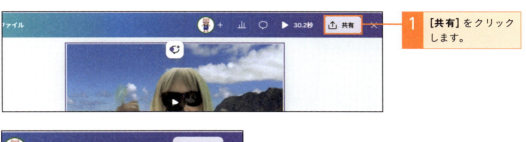

1 [共有]をクリックします。

2 [ダウンロード]をクリックします。

3 ここをクリックします。

4 [MP4形式の動画]を選択します。

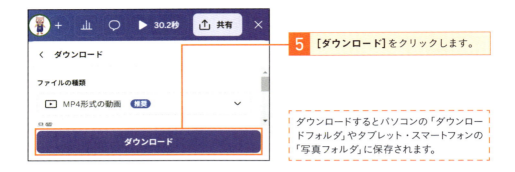

5 [ダウンロード]をクリックします。

ダウンロードするとパソコンの「ダウンロードフォルダ」やタブレット・スマートフォンの「写真フォルダ」に保存されます。

👍 One Point

MP4形式で保存する場合のメリットとデメリット

メリット
・動画データをほかの動画編集ソフトなどでさらに加工できます（字幕や音声、特殊効果加工など）。

デメリット
・動画はデータ容量が大きいため、パソコンなどのデバイスのデータ容量を圧迫してしまいます。
・ダウンロードの際に時間がかかる場合があります。
・動画を修正したい場合はCanva上で修正し、再びMP4形式でダウンロードする必要があります。

》公開閲覧リンクで共有する方法

動画を編集せず閲覧だけしたい場合に便利な方法です。公開閲覧リンクを作成すると、リンクから動画をダウンロードすることなく閲覧できます。リンクを共有した後に動画を編集しても、リンクを作り直す必要はありません。同じリンクから更新された動画が閲覧できます。

1 [共有]をクリックします。

公開閲覧リンクがコピーされます。リンクは共有したい相手にメールやメッセージアプリなどで送付して使えます。

👍 One Point

公開閲覧リンクを使うメリットとデメリット

メリット
- 動画をデバイスにダウンロードする必要がなく、データ容量を気にせず閲覧できます。
- 公開閲覧リンクを作成した後で動画を編集した場合も、再度リンクを作り直す必要がありません。動画が更新された状態で閲覧できます。

デメリット
- 閲覧するにはデバイスをインターネットにつなげる必要があります。
- Canva以外の動画編集アプリやソフトでは編集できません。

Lesson 40

[特別支援教育の実践例①マジック生成機能で国語学習]

文の作り方を楽しく学ぶ！
マジック生成機能を活用した国語学習

このレッスンの
ポイント

AIで画像を生成するマジック生成機能は、文字を書くことや二語文以上の会話や記述が苦手な知的障害のある子どもの学びにも有効です。このLessonでは、子どもにマジック生成を使ってもらうことで二語文・三語文の作り方を楽しみながら学んでもらう学習法を紹介します。

》実践を行う前の注意事項・配慮事項

今回ご紹介する学習方法を実践される際は、必ず事前に以下の事項をご確認ください。
①各都道府県のガイドラインに従い、AI機能を活用できる対象年齢であること
②保護者の許可を得てから取り組むこと
③対象年齢であっても、知的発達段階が「ライオンはギターを弾けない」など、空想の世界と現実の世界をしっかりと認識し分別できる段階である子であること

(memo) このLessonの最後に実践で使えるCanvaのワークシートをご用意しています。ぜひご活用ください。

》主語・述語カードを引いて偶然できた文で作ろう！

この学習の目的は「誰が・どうする」「誰が・何を・どうする」といった二語文や三語文の作り方を学ぶことです。作文や説明することに苦手さがある子どもにとって、自分で二語文・三語文を作成することは難しいものです。この学習方法では教師があらかじめ用意した「主語」「目的語」「述語」のカードを使用します。目をつぶってカードを引いてもらい、引いたカードの言葉を使って文を作成してもらいます。その文章をもとに「マジック生成」を使って画像を作ります。

学習の流れ

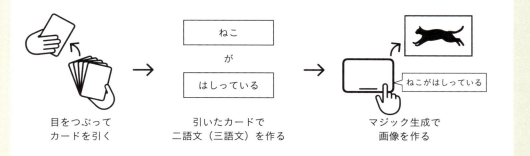

1 「主語」「述語」のカードを引き、文を作る

この学習では、子どもにとって身近な存在である動物を「主語」にしました。さらに子どもにわかりやすく伝わる工夫として、「主語」のカードを入れる紙コップには「〜が」と記し、「述語」のカードを入れる紙コップには「〜している」と記載しました。
子どもがカードを引く際には「何が出てくるかな？」「何をしているところのカードが出るかな？」など、カードの内容がイメージしやすくなるように声がけをしました。

実際に使用したカードと紙コップ

2 作成した文をマジック生成に入力して画像を生成する

マジック生成機能を使った画像の作成方法はここでは割愛します**（詳しい方法はLesson 36を参照ください）。**
プリント学習では嫌がったり投げやりになったりしてしまう子どももいます。Aさんもプリント学習が苦手でしたが、今回の学習方法ではどんどんカードを引いて文を作り、教師と一緒に画像を生成しました。ワクワクした様子で「どんな画像ができるかな？」とiPadの画面をのぞき込み、画像の生成を待つ姿が印象的でした。

学習風景

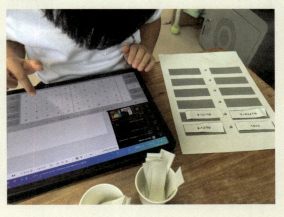

》文の作り方が学べるワークシートを活用しよう

今回ご紹介した実践に活用できるワークシートのテンプレートをご用意しました。二語文・三語文を自分で作る力を支援するワークシートです。Canvaを使えばキーボードや音声入力で文を入力できるため「書くこと」に難しさがある子の困難さを軽減するとともに、「二語文・三語文で記述する力を高める」という学習の本質に迫ることができます。このテンプレートは印刷して配布するだけでなく、Canvaのテンプレートとして共有して使うのもおすすめです。子どもの実態や困難さに応じた方法でご活用ください。

テンプレート「文をつくってみよう」

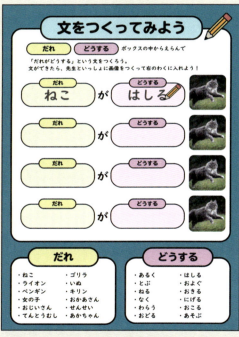
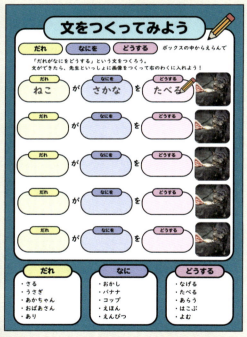

🔺 Canva公式クリエイターによるテンプレートです（寄稿者：Atelier Funipo）。
(https://www.canva.com/ja_jp/templates/EAGPO_S-QRg/)
テンプレートのダウンロードはこちら

Lesson 41

[特別支援教育の実践例②画像作りに挑戦（図工・美術・単語理解）]

豊富なイラスト素材を使ってなりきり変身画像を作ろう！

このレッスンのポイント

Canvaは豊富な素材や機能、直感的な操作性といった特徴により、子どもも簡単に使えるツールです。今回はCanvaの特徴を活用して自分のなりたい姿の画像を作る実践例をご紹介します。図工・美術の学習として、また単語理解や語彙力を養う学習にも役立ちます。

≫ 行きたい場所・なりたい姿をカタチにしよう！

誰しも好きなキャラクターや憧れの職業、行きたい場所などさまざまな願望や夢があります。この実践では、子どもがCanvaの豊富な素材を使って自分の憧れの姿や夢を表現します。表現力を養うとともに、素材を検索する際に自分で文字を入力していく必要があるため、単語の意味理解や語彙を増やしていく学習にもなります。

(memo) 文字で入力したものがイラスト・写真・動画でも確認できる点もメリット！

1 「行きたいところ」「なりたいもの」をイメージする

「どこで・何をしたい」「将来やりたいお仕事」「なりたいキャラクター」「着てみたい衣装」など、テーマを決めます。子どもにテーマに沿ったイメージを思い浮かべてもらい、イメージを絵に描いてもらったり、関連する単語を挙げてもらったりします。今回は例として「海で遊びたい」というイメージを画像にしていきます。

2 素材から背景画像を選ぶ

白紙のプレゼンテーションを用意しましょう。

「うみ」というキーワードで素材を検索し、表示された写真素材から好きなものを選び、テンプレートに貼り付けます。

3 選んだ写真を「背景」に設定する

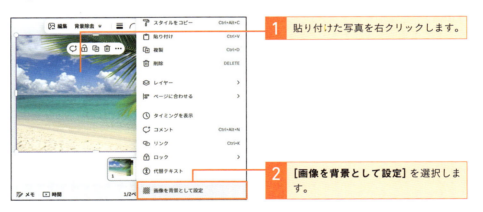

1 貼り付けた写真を右クリックします。

2 [画像を背景として設定] を選択します。

写真がキャンバスの大きさになり背景として設定されました！

4 自分の写真を画像に挿入する

自分が写っている写真データをCanvaにアップロードし、キャンバスに貼り付けます。写真データの背景は削除します**（写真をアップロードする方法、背景を削除する方法はLesson 11で詳しく紹介しています）**。

自分の写真を大きくしたり、下に移動させたりして違和感のないように調整します。

Canvaの背景除去は髪の毛もきれいにトリミングできるほど高性能です！

5 合成する画像素材を検索。イメージに合わせてデコレーションする

なりたい自分に関連する素材を検索して自分の写真の上に貼り付けてデコレーションします。例として「麦わら帽子」の素材を検索して使用します。

さまざまなデザインの麦わら帽子の素材から選べるため、子どももワクワクしながら探すことができます。

NEXT PAGE → 161

1 麦わら帽子の素材をクリックします。

2 画像の紫の四角い枠の四隅にある白い丸をドラッグして大きさを調整します。

> 👍 One Point
>
> **素材の大きさはバランスを見て調整**
> リアルな画像を作成するために、素材の大きさを調整するように教えてあげましょう。

6 画像が完成！作品として掲示しよう

完成した画像は子どもの大切な作品です。ぜひ掲示してお披露目しましょう！

あっという間に本当に海にいるような写真が完成します。

Lesson 42

[特別支援教育の実践例③ お絵描き機能で見立て遊び(図工・美術)]

葉っぱを使った「見立て遊び」でデジタルアートを楽しもう！

このレッスンのポイント

Canvaのお絵描き機能を使った作品作りの実践例をご紹介します。お絵描き機能は、テンプレートに手書きやタッチペンで簡単に線や絵を描ける機能で、さまざまな形状のペンツールが用意されている点も魅力です。ペンを使うことが苦手な子どもも自由に絵を描けます。

》葉っぱを集めて何に見えるか描いてみよう！

秋になると、授業などで落ち葉やドングリを拾いに行くことも多いでしょう。図工・美術の学習として、集めてきた葉っぱや落ち葉を使った作品作りはいかがでしょうか。ご紹介するのは、葉っぱを動物や生き物に見立てて絵にするという **「見立て遊び」** です。葉っぱや落ち葉を組み合わせて動物などの形を作り、撮影した写真にCanvaのお絵描き機能を使って目や鼻などを描いて遊びます。葉っぱだけでなく、雲の写真を使った見立て遊びもおすすめです。

(memo)このLessonの最後に見立て遊びのテンプレートを用意しました。ぜひご活用ください。

1 集めた葉っぱを動物に見立てる

校庭で見つけたさまざまな葉っぱを組み合わせて、ウサギやロボットなど思い思いのイメージをふくらませます。イメージに合わせて葉っぱを画用紙に貼り、形を作ります。子どもに想像してもらう際は、魚や犬、猫などなじみのある動物等の例をヒントに出してあげるとよいでしょう。

葉っぱを集める様子

画用紙に貼る様子

2 写真をCanvaにアップロードして お絵描き機能を使って絵を描く

お絵描き機能は指でもタッチペンでも使用できます。ペンやマーカーといった形状や色が選べるほか、太さ、透明度も調整できます。子どもに合わせた描きやすい方法で、描くことの楽しさ、見立てることの面白さを感じられるようにしましょう**(写真をアップロードする方法はLesson 11、お絵描き機能の使い方はLesson 10で詳しく紹介しています)**。まずは教師自身が描いた見本を示してあげると、子どもも取り組みやすくなります。

Canvaのお絵描き機能

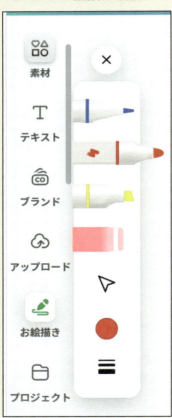

お絵描き機能はテンプレートを開き[お絵描き]をクリックすると使用できます。

まずは教師が見本を示す

実際の学習ではiPadとApple Pencilを組み合わせて使用

指でも描けるため、低学年の子どもも取り組みやすい学習です。

》「見立て遊び」用ワークシートのテンプレート

見立て遊びに使える2種類のワークシートのテンプレートをご紹介します。
ぜひ実践に活用してください。

見立て遊びのテンプレート「雲に絵を描こう」

「葉っぱの見立て遊び」ワークシート(PDF)

○ためカモ 学研連載アート教材11月号「葉っぱで見立て遊びワークシート」
テンプレートのダウンロードは
「ためカモ学びサイト」から

▲Canva公式クリエイターによるテンプレートです
(寄稿者：Atelier Funipo)。
(https://www.canva.com/ja_jp/templates/EAGORQi0wUw/)
テンプレートのダウンロードはこちらから

Lesson 43

[特別支援教育の実践例④誕生日カード作り（国語・自立活動）]

文字を書くのが苦手でも大丈夫。誕生日カード作りで想いを形にしよう

このレッスンのポイント

自閉症や知的障害、吃音（どもり）がある子どもは、会話をしたり文字を書いたりして自分の思いを伝えることが難しい場合があります。ご紹介する実践例はCanvaを使ったメッセージカード作り。自分の思いをわかりやすい形にして伝える学習方法です。

≫ 誕生日博士のAさんの誕生日カード作り

Aさんは自閉症と知的障害がある生徒です。文字を書くことが難しく、また吃音のために話して伝えることにも難しさを抱えています。一方で、Aさんは「人の誕生日を正確に記憶する」という天才的な記憶力を持っていました。「みんなのお誕生日をお祝いしたい！」そんなAさんの強い気持ちを叶えるため、Canvaを使った誕生日カードのデザインに挑戦することになりました。デバイスはiPadを使って作成しました。

(memo) Aさんの好きなこと、得意なことも大事にしました。

1 誕生日カードのテンプレートを選ぶ

Canvaで「たんじょうびカード」「バースデーカード」と検索すると、1万点を超える誕生日に関連するテンプレートが表示されます。Aさんはテンプレートの中から、贈りたい人のイメージに合うものを選びました <u>(テンプレートの検索方法はLesson 33で詳しく紹介しています)</u>。

誕生日関連の Canvaテンプレート例

2 誕生日カードをデザインする

Aさんはイラストを選んで挿入したり、文字の部分はキーボードの「ひらがな入力」を設定して、贈る人の名前や日付を入力しました。

テンプレートを編集している様子

ひらがな入力はAさんが1人でデザインを進めやすくなり、とても役立ちました！

3 誕生日カードを印刷してプレゼント

誕生日カードを相手に渡す際、最初は「お、お、お、お誕生日、お、お、お、お、おめでとうございます。ぼ、ぼ、ぼ、ぼくがつくりました。ど、どどうぞ」という様子が見られましたが、受け取った相手から「すごいね！」「これAさんが作ったの？　うれしいよ！」と喜ばれるたびに、次第に自信を持って話すようになりました。

また、アイスが好きな先生にはデザインにアイスが使われたテンプレート、猫好きな友だちには、猫が描かれたテンプレートを選ぶなど、次第に相手を意識したデザインを心がけるようになりました。

実際に作ったカード
（※個人情報の観点から年号を変えています）

👍 One Point

シンプルな手順が表現のしやすさにつながる

インターネットで素材を探す必要もなく、Canvaの中でイメージに合う素材が見つかるというシンプルな手順は、Aさんにとって表現しやすい環境でした。

Lesson 44

[特別支援教育向けテンプレート集]

そのままでも！編集してもすぐに使える！特別支援教育向けテンプレート集

このレッスンのポイント

Canva教育版のテンプレートの中には、特別支援教育に特化したものもあります。ぜひ有効に使いましょう。このLessonでは、Canva公式クリエイターのAtelier Funipoさんとコラボした特別支援教育向けのテンプレートをご紹介します。ダウンロードしてご活用ください。

≫ 特別支援教育に特化したクリエイターをフォローしよう！

ひらがなのなぞり書きや運筆など、日本の教育に特化したテンプレートを見つける際におすすめなのがCanva公式クリエイターのフォロー機能です。例として、日本の特別支援教育に特化したテンプレートを数多く公開しているCanva公式クリエイターのAtelier Funipoさんをフォローしてみましょう。

memo フォローをしているとすぐにクリエイターのテンプレートにアクセスができ、大変便利です。

Canva公式クリエイター「Atelier Funipo」

「Atelier Funipo」紹介ページはこちら

》公式クリエイターをフォローする

1 クリエイターの紹介ページを開く

「Atelier Funipo」の紹介ページを開きます（https://www.canva.com/p/atelier-funipo-team/）。

1 [フォロー]をクリックします。

2 [テンプレート]をクリックします。

[フォローしているクリエイターの作品]に最新のテンプレートが表示されます。

3 クリエイターのページへ移動するときはアイコンをクリックします。

》特別支援教育に特化したテンプレート集

最後に、著者がAtelier Funipoさんとコラボして特別支援教育向けに作成したCanvaのテンプレートをご紹介します。これらは教育サイト「ためカモ学びサイト（https://tamekamo.com/）」からダウンロードできます。明日からの支援にぜひご活用ください。

NEXT PAGE → 169

学習を盛り上げるルーレット集

▶ 掲載サイト：ためカモ学びサイト
記事タイトル：先生向け！自分で編集できる「ルーレット」Canvaテンプレート集を公開
(https://tamekamo.com/2024/10/11/canva-template-1-2/)
テンプレートのダウンロードはこちらから

発達段階に考慮した線や図形のなぞり書き

▶ 掲載サイト：ためカモ学びサイト
記事タイトル：無料で使える！線や図形のなぞり書き（運筆）プリント
(https://tamekamo.com/worksheet-stroke-lines-shapes/)
テンプレートのダウンロードはこちらから

視覚支援テンプレート

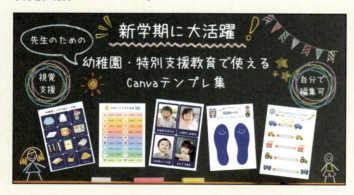

▶ 掲載サイト：ためカモ学びサイト
記事タイトル：新年度や新学期に役立つ！先生のためのCanvaテンプレート集
(https://tamekamo.com/2024/04/08/canva-specialneeds-template-gallery/)
テンプレートのダウンロードはこちらから

「ためカモ」では、多数のテンプレートを公開しています。明日からの支援にお役立てください。

Chapter 5
知っておきたい！Canva教育版 導入＆管理ガイド

Canva教育版の導入を考えている自治体のご担当者向けに、導入のメリットや配慮すべき内容について解説します。

Lesson 45

[Canva教育版のメリット]

Canva教育版を教育現場へ導入する3つのメリット

このレッスンの
ポイント

Canva教育版は、教育現場に特化したデザインツールとして児童生徒・教職員・教育機関に大きな価値を提供しています。Canva教育版を教育現場に導入すると具体的にどのようなメリットがあるのでしょうか？主要な3つのポイントを解説します。

》教育現場に導入するメリット①有料版と同等の機能が無料で使える

もともとCanvaには無料版と「Canvaプロ」と呼ばれる有料版があります。Canvaプロには特別に高度な機能や数多くの素材（プレミアムコンテンツ）といったプレミアム機能が備わっています。Canva教育版の非常に大きなメリットは、このプレミアム機能をすべて無料で利用できるという点にあります。例えば、予算が限られている場合でもCanva教育版を導入すれば、質の高いデザインでコンテンツを作成して教育現場で活用できるようになります。プロフェッショナルな素材やデザインを用いた制作物はより効果的な学習方法を生み出し、保護者など関係者への発信力強化やコミュニケーションの促進にも役立つでしょう。

(memo) Canvaで用意されている素材は著作権を気にせず使用できる点も安心です。ただし、教育目的の利用にとどめる必要があります。

無料版はプレミアム素材が利用できない

無料版でプレミアムコンテンツを選ぶと、素材に「透かし」が入ります。
Canvaプロと教育版には透かしが入りません。

》教育現場に導入するメリット②教育に特化した素材が豊富

Canva教育版には、プレミアム機能に加えて教育に特化した素材が豊富に用意されています。ワークシートや校務で使うテンプレートのほか、子ども向けのイラストなどがあり、フィルタ機能などを使えばほしい素材がすぐに見つかる点もポイントです**（素材の検索テクニックはLesson 35で詳しく紹介しています）**。教師はイチからデザインを考える手間を省き、教育現場のあらゆる資料の作成時間を短縮できます。児童生徒も教職員も表現の幅が広がり、より楽しく充実した学校生活が送れるようになるでしょう。

特にテンプレートの種類は豊富で、Google Classroomのヘッダーや時間割表、ポスターや各種教材、学級通信、プレゼンテーションのスライドなど、学校生活に必要なあらゆるテンプレートが用意されています。

Canva教育版の既成テンプレートについて

Canva教育版のWebサイト
https://www.canva.com/ja_jp/education/

》教育現場に導入するメリット③安全なアクセス許可設定

教育機関や自治体での導入を考える際、データの管理やアクセス許可の設定が重要なポイントとなります。設定対象は、具体的には共有範囲の設定、生成AIの制御、Canvaのコンテンツ制御、使用できるCanva内のアプリの制御などがあります**（アクセス許可の設定対象についてはLesson 49から52で詳しく紹介しています）**。なお生成AIについては規約上の年齢制限があります。個人でCanva教育版を申請し、自分のクラスに児童生徒や教職員を招待して教育版を使うことはできますが、年齢制限は変更できません。Canva教育版を自治体に導入すれば、教育現場におけるAIの適切な使い方や指導方法が明確になり、セキュリティーやプライバシーの保護を強化する環境を構築できます。

Lesson 46 [Canva教育版使用にあたっての配慮事項]
必ず押さえておきたい安心して使うための配慮事項

このレッスンの
ポイント

Canva教育版は非常に役立つツールですが、使用するには重要な配慮事項の理解と適切な対応が大切です。特に、保護者の同意や教育データの利活用、Canvaを使用する範囲の遵守などがポイントになります。ポイントを押さえてCanva教育版を安全に使える環境を整えましょう。

》保護者への同意、教育データの利活用に係る留意事項

「Canvaを子どもが使用するためには保護者の同意が必要なんですよね？」と質問を受けることがあります。本来であれば、Canvaに限らず保護者や児童生徒には教育データの利用目的について理解を求めるべきではないかと考えていますが、「同意を得る」という行為がCanvaを導入する1つのハードルとして捉えられてしまうようです。実際、Canvaを使う際には保護者の同意が必須なのでしょうか。

まず、Canva教育版の追加規約には「Canva教育版においては、教育機関が所在する国や地域の法律に準拠します」とされています (https://www.canva.com/policies/edu-additional-terms/)。

また、Canva教育版のホワイトペーパーの中には「Canvaの利用について保護者の同意取得は求めていません。それぞれの自治体や学校のルールに従ってください」と記載されています。では、自治体や学校はどのルールに従えばよいかというと、個人情報の保護に関する法律や教育データの利活用に係る留意事項、自治体のセキュリティーポリシーとなります。

「教育データの利活用に係る留意事項について」は文部科学省のWebサイトからご確認ください (https://www.mext.go.jp/a_menu/other/data_00007.htm)。ポイントをまとめたPDFもダウンロードできます。Canvaに限らず、今後は教育データをダッシュボードなどで集約・視覚化し、客観的なデータとして活用する自治体が増えていくと予想されます。保護者や児童生徒へ教育データの利用目的に対する理解を得る姿勢は、ますます重要になっていくでしょう。

memo Canva教育版の追加規約はこちら

memo「教育データの利活用に係る留意事項について」はこちら

教育データの利活用に係る留意事項のポイント（PDF）

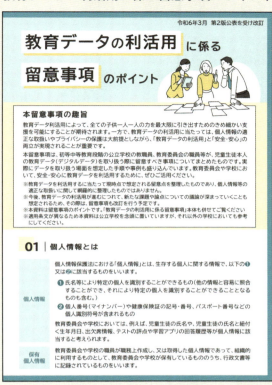

出典：教育データの利活用に係る留意事項のポイント（文部科学省）
(https://www.mext.go.jp/content/20240328-mxt_syoto01-000028144_2.pdf)

》セキュリティー基準を満たすための指針

セキュリティーに関する透明性を確保するために、Canvaでは「セキュリティ等に関するホワイトペーパー」を提供しています（https://www.canva.com/design/DAGGkisoyw0/0x2imCZrKaH47lEB1kVIEw/view）。このホワイトペーパーは、データ保護、暗号化、プライバシー対応などの技術的な詳細を解説しており、自治体や教育機関がセキュリティー基準を満たすための指針として活用できます。Canva以外においてもクラウド型のツールを利用する場合は、セキュリティーに関する情報を確認し、教育機関のニーズに合致しているかを判断することが重要です。

(memo)「セキュリティ等に関するホワイトペーパー」はこちら

》Canva教育版の利用資格

Canva教育版には利用資格が設けられています。大まかにまとめると「一条校（学校教育法第1条に定められた学校）の教職員と生徒」には利用資格があります。利用対象外の人や組織についても明確に規定されています。利用資格の詳細についてはCanvaの「教育版Canvaの利用資格」をご確認ください（https://www.canva.com/ja_jp/education/eligibility-guidelines/）。

memo 「教育版Canvaの利用資格」はこちら

Canva教育版の利用条件のガイドライン

> **ご利用条件のガイドライン**
>
> Canvaでは、「学び」は「ギフト」であると考えています。そうした背景から、対象となる世界中の教職員と生徒に対して、Canva教育版を無料で提供しています。使用できる国に制限はありません。
>
> **Canva教育版は現在、幼小中高（初等教育または中等教育）の教職員と教育機関を対象としています。現時点では、高等教育の教職員と教育機関（大学など）は対象外となっています。**
>
> Canva教育版にアクセスするには、次のいずれかの役職で現職である必要があります。
>
> - 認定された幼小中高（初等または中等）の学校の教員で、現在教職に就いている人
> - 認定された幼小中高（初等または中等）学校司書
> - 認定された幼小中高（初等または中等）の学校の教員または学習支援員
> - 認定された幼小中高（初等または中等）のカリキュラムスペシャリスト
> - 小中学生（または同等の資格を持つ学生）を指導している専門学校または職業訓練学校の認定教員
>
> また、以下の組織に属している場合も、Canva教育版を使用することができます。
> 政府による正式な認定を受けている組織：
>
> - 幼小中高（初等、中等、または大学入学準備）の学校
> - 各自治体の教育委員会
> - 文部科学省
> - その他の国際的な教育制度

教育版Canvaの利用資格
https://www.canva.com/ja_jp/education/eligibility-guidelines/

利用対象外に関する詳細

> **Canva教育版にアクセスできないのは誰ですか？**
>
> 以下の役割および組織は、Canva教育版の**利用対象外**です。
>
> - 認定された幼小中高（初等または中等）教師で、現在教職に就いていない人
> - 公立図書館の司書（例：市または郡の図書館の司書）
> - 保育士
> - 短大、大学、その他の高等教育機関（講師やスタッフを含む）
> - 短大生や大学生
> - 継続教育機関
> - 社会人教育施設
> - 学校外で課外活動を行っている団体
> - 教育に焦点を当てた初期段階のスタートアップ
> - 幼小中高（初等または中等）教育を受けている子供の親
> - 直接教育を提供していない非営利団体
> - 教育免許を持たない、または現在幼少中高の教育機関に雇用されていないホームスクール教育者
>
> Canvaでは、独自の資格ガイドラインを備えた非営利プログラムも提供しています。Canva for NPOについてご覧ください。

教育版Canvaの利用資格
https://www.canva.com/ja_jp/education/eligibility-guidelines/

》商用利用不可の規定について

Canva教育版は無料版やプロ版と違い、商用利用不可となっています。あくまで**教育目的に限定して使用されるものであり、商業的なプロジェクトや商品販売に利用することはできません。**ただし「学園祭で出店のチラシを作る」「児童生徒が運営するバザーで使用する」といった教育目的が明確であれば、その限りではないようです。教育現場においては利用目的をしっかり把握し、個人や教育機関が無意識に規約を違反しないように注意しましょう。Canva教育版の利用ルール等については、Canvaのヘルプセンターから確認できます（https://www.canva.com/ja_jp/help/about-canva-for-education/）。

(memo)「教育データの利活用に係る留意事項について」はこちら

Lesson 47 [Canva教育版を個人で始めるメリット]
教育現場に導入するために Canva教育版の先駆者になろう

このレッスンのポイント

Canva教育版を個人で利用するメリットや、学びの場であるCanvaのコミュニティーについて解説します。Canva教育版は、教育現場のICT活用を促進するツールとしても非常に有用です。現場を率いる先駆者として、ぜひ学びを深めましょう。

》無料版では味わえない特別な体験

Canva教育版は、無料版では得られない体験が数多く提供されています。例えば、プロフェッショナルなデザイン機能や教育に特化した豊富なテンプレートや素材を使うと、魅力的な授業資料やポスターなどが驚くほど時短で作成できます。Canva教育版は、教育現場で効果的にICTを活用するための一歩となるはずです。

(memo) ぜひCanva教育版を実際に使用して教育現場に導入するメリットを体感しましょう！

》先駆者として周りによさを広めよう

個人でCanva教育版を使ってみると、あなた自身が先駆者となり、魅力を周囲の同僚や学校全体に伝えることができます。もし、デザインやITツールを使うことに不慣れだという場合でも大丈夫です。直感的な操作こそがCanvaの魅力。ICTをあまり活用していない環境でも、その有用性を広めやすいのです。

実際に授業に使用した様子や子どもの感想を周囲に共有してもよいでしょう。本書でご紹介している授業や校務における活用例もぜひ活用してください。ICT活用の推進役として頼られる存在になれるはずです。

》コミュニティーに参加して学びを深めよう

Canvaには、共に学ぶ仲間が集まるオンラインコミュニティーがあります。一例として、3,500人以上（2024年11月22日現在）のメンバーが所属するCEC（Canva Educators Community）をご紹介します。

CEC（https://www.facebook.com/groups/canvateachersjapan/）は
Canvaを教育ツールとして活用する教師のサポートを目的とした、学校
関係者限定のFacebookグループです（参加無料）。各都道府県単位で
運営しており、活動内容はFacebookグループ内での交流のほか、オフ
ライン・オンラインのイベントの開催などがあります。組織でCanvaを推
進する方法や、効果的な研修会の実施方法などもご紹介しています。参
加にはFacebookアカウントが必要です。

CEC（Canva Educators Community）

CEC（Canva Educators Community）のFacebookページ
https://www.facebook.com/groups/canvateachersjapan/

》自治体導入に向けた提案材料として効果的

個人でCanva教育版を利用することは、自治体レベルでの導入を提案する際にも非常に有効です。Canva教育版を教育ツールとして使用するメリットを自ら体感し、その体験をもとに具体的な提案を行えば説得力も増します。

本書のほかにも教育現場におけるCanvaの利用について紹介する書籍も数々登場しています。Canvaは単なる「きれいなプレゼンテーションを作るツール」ではなく「学びの道具」です。実際に授業でどのように役立つかを示す具体的な事例や、自分の体験に基づいた提案を行うことが、導入を促進する大きな力になるでしょう。本書や関連書籍をぜひご活用ください。

個人でCanva教育版を始めることで得られる体験は、教育現場にICTを取り入れる重要なステップとなります。あなた自身の授業や校務のアップデートに役立つだけでなく、学校全体や自治体への導入をリードする推進役という役割も果たすことができます。

CanvaやCanva教育版に関する書籍の例

『先生のためのCanva入門』
(古川俊 著／インプレス)

『世界一やさしいCanva 無料で使えるデザイン作成ツールガイド』(世界一やさしいシリーズ編集部 著／インプレス)

『アプリ1つでパパッとおしゃれにデザイン Canva Design Book』(ingectar-e 著／インプレス)

『ちなみにそれ、Canvaでデキます！』
(ぺち丸 著／インプレス)

》自治体のルールを守ろう

Lesson 46でご紹介したように、自治体ではさまざまな法令やガイドラインなどにより、教育現場で安心・安全にICTを使える環境を整えています。そのため、Canvaなどの各種アプリやサービス（Webアプリ、サードパーティ製のサービス含む）を使う際は、事前に自治体へ確認をとりましょう。

ただし、テクノロジーの進化が速いばかりに、自治体側の整備が追いついていないこともあります。場合によっては改善が必要なケースもあるでしょう。疑問に思うことがあれば、現場の声を届け、対話を通してすり合わせを行うことも大切です。

Lesson 48

[Canvaを教育に最大限生かすために]
Canva教育版を自治体で導入するメリット

このレッスンの
ポイント

Canva教育版のメリットを最大限に生かすには、自治体全体での統一的な導入が理想的です。個人申請で招待する場合との違いをふまえながら、自治体でCanva教育版を導入する3つのメリットを詳しく解説します。

》個人申請でチームを作成する場合の配慮事項

Canva教育版では、個人申請をした方がチームを作成すると、児童生徒や教職員を招待することができます。ただし、500名の人数制限があります（招待方法についてはLesson 19で詳しく紹介しています）。学校全体で利用したい場合、500名という人数制限は少々不便です。学校では児童生徒の入学・卒業、教職員の異動などによりメンバーの入れ替わりが発生しますから、延べ人数が500名を超える場合が少なくありません。また、チーム作成者が異動する可能性もありますが、チーム作成者の権限（チームの所有者）の引き継ぎができない点も注意です。もちろんメンバーの削除や新たなチームの作成、メンバーを招待することは可能ですが、メンバー全員のデータ移行となると現実的ではありませんし、進学や異動の時期は特に校務が多忙になるため、煩雑な作業は避けたいものです。長期的かつスムーズにCanva教育版を使い続けるためにも、自治体での導入は大きなメリットがあるのです。

(memo) 所有者と管理者の大きな違いは、チームの所有権です。所有者のアカウントがなくなれば、チームやデータも使えなくなる、という認識です。

チームの権限設定について

チームの「管理者」は変更できても「所有者」は変更できない点に注意しましょう。

Bさんはこのチーム（学校）を作ったチームの所有者。
Aさんは招待されて入った児童生徒。
Cさんは教師ですが、クラスを作れるようにしたいので、教員か学校の管理者にしようとしています。

》自治体導入のメリット①個人申請の配慮事項をクリア

個人でCanva教育版を利用する際には、チームの人数制限以外にも申請や招待の手続き、アカウント管理などに多くの手間がかかります。しかし、自治体で一括導入すれば、これらの配慮事項をすべて解決できます。例えば、SSO（シングルサインオン：一度のユーザー認証で複数のシステムを利用できるしくみ）を使えば教職員や児童生徒が手軽にログインできるようになり、招待の手続きや個別設定の手間を大幅に削減できます。さらに、異動に伴うデータ移行やアカウント削除については**自治体が一元的に管理できるため、長期にわたってスムーズな運用が可能になります**。一元的な管理は、安全にデータ管理ができるだけでなく、業務の効率化にもつながります。

》自治体導入のメリット②研修や実践共有の拡充

Canva教育版を個人で利用する場合、各学校でバラバラに使い方を学んだり、実践例を共有する機会も限られる場合がありますが、自治体で導入すればスキルアップや成功事例の共有が促進されます。

実際に、Canva教育版を導入している自治体ではさまざまな変化が起きています。Canvaには、教育現場でCanvaを最大限使えるようサポートするCanva認定教育アンバサダー（Canvassador：キャンバサダー）という専門家の認定制度がありますが、導入済みの自治体の教育関係者の中には、このCanva認定教育アンバサダーが続々と誕生しています。また、Lesson 47でご紹介した CEC（Canva Educators Community）というコミュニティーの立ち上げも各都道府県で進んでいます。「自分だけでなく、地域、日本の教育をよりよくしたい！」という思いが広がっているのです。

2024年CEC群馬の活動風景

Lesson 49

[自治体導入に安心な権限管理①アクセス権限設定の基本]

安心・安全に使うための
アクセス権限の管理

Canva教育版はセキュリティーやデータ管理にも優れており、自治体の導入に大きな利点があります。まずは基本操作として、アクセス権限の設定ページの開き方とメールアドレスの非表示設定について解説します。

》アクセス権限に関する設定

Canva教育版を自治体に導入した際の[管理者]が行えるアクセス権限の設定方法を解説します。ちなみに[管理者]の役割には[全体の管理者]と[学校の管理者]の2種類があります。[全体の管理者]は、作成されたどのチーム(学校)の設定も操作できますが、[学校の管理者]は所属するチーム(学校)のみ設定できます。

memo このLessonからは実際に管理画面を操作しながら設定していきましょう。自治体導入がまだの方は細かな設定ができることを確認してください。設定を制する者はすべてを制するのです！

👍 One Point

Canva教育版のメンバーのステータス(役割)について

[管理者]のほか、[教員][生徒]に振り分けることができます。教員と生徒では権限に違いがあります。正しく振り分けましょう(**役割についてはLesson 19で詳しく紹介しています**)。

👍 One Point

個人的なファイル共有はコラボレーションリンクを活用

Google ClassroomやGoogle Chat、Microsoft Teamsといったプラットフォームを使用している場合は、コラボレーションリンクを使うと、都度メンバーを追加する必要もなく簡単です(**コラボレーションリンクの使い方はLesson 10で詳しく紹介しています**)。

》アクセス権限の設定方法

1 設定ページを開く

1 トップページを開きここをクリックします。

2 [設定]を選択します。

2 [全体の管理者]によるアクセス権限の設定画面の開き方

1 [整理]→[チーム]を選択します。

2 設定したい[チーム]の[もっと見る]([…])をクリックします。

3 [アクセス許可]を選択します。

3 [学校の管理者]によるアクセス権限の設定画面の開き方

1 [学校の設定]→[アクセス許可]を選択します。

》メールアドレスを非表示にする

Canva教育版ではメールアドレス表示を管理者のみに制限することができるため、個人情報保護の観点で安心です。メンバーがファイルやフォルダを共有するときには、名前検索でメンバーを指定できます。

メールアドレス表示の権限を設定する

1 [アクセス許可] → [アクセス] をクリックします。

2 [メンバーのメールを表示できるのは誰ですか?] → [管理者のみ] を選択します。

》同姓同名のメンバーがいる場合はアイコンの変更で対応

メールアドレスを非表示にした場合、同姓同名の人は名前だけでは区別ができません。対策として、メンバーにアイコンの変更を依頼することをおすすめします。

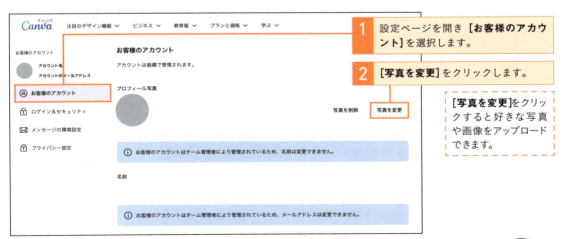

1 設定ページを開き [お客様のアカウント] を選択します。

2 [写真を変更] をクリックします。

[写真を変更] をクリックすると好きな写真や画像をアップロードできます。

自分で決めたアイコンを使うことで、アカウントを大切にする意識も高まるでしょう。

Lesson 50 ［自治体導入に安心な権限管理②AI機能の制限］

AI機能の利用制限で教育に適した環境を整えよう

このレッスンのポイント

Canvaにはマジック作文やマジック生成など、AIを使ったさまざまな機能がありますが、Canva教育版では管理者が利用制限を設定することができます。設定方法を理解して、教育に適した利用環境を整えましょう。

》ニーズが高まるAIを安全に使用するために

教育現場においてAIのニーズは高まっており、文部科学省の資料『教育DXに係るKPIの方向性』（https://www.mext.go.jp/content/20240222-mxt_jogai01-000033449_51.pdf）にも「生成AIの校務での活用」はKPIの項目として記載されています。「よくわからないし、怖いから使わない」という消極的な姿勢は、教育にも社会全体にとってもマイナスです。教育現場で安全にAIを活用するためには、まず大人が生成AIに対する正しい知識や理解、使用目的を学ぶことが第一歩です。Canva教育版では、管理者がAI機能の利用について機能ごとに制限することができます。利用制限をうまく使ってAIを安全に活用しましょう。

(memo) 自治体でCanvaを導入する際は、生成AIに関する研修の実施なども合わせて検討したほうがよいでしょう。

》AIの利用に関する設定方法

利用制限の設定範囲は［すべてのメンバー］［管理者と教員］［管理者のみ］［誰にも許可しない］の中から選択できます。自治体に導入する場合は、管理者がAI機能の利用を制限して教育に適した環境を確保できます。

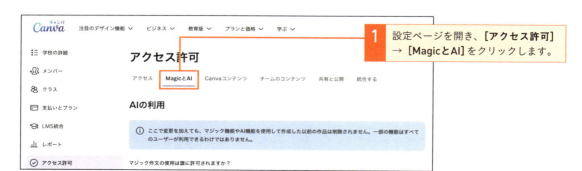

1 設定ページを開き、［アクセス許可］→［MagicとAI］をクリックします。

画面を下にスクロールすると、マジック作文、マジックデザイン、マジック生成など、機能ごとの設定項目が表示されます。利用制限したい機能を選んで設定しましょう。

利用制限設定後の画面

左は教員、右は生徒の画面です。生徒の画面にはクイックアクションの中に、マジック作文（文章生成AI）がないことがわかります。

Lesson 51

[自治体導入に安心な権限管理③コンテンツとアプリ利用]

コンテンツとアプリの利用は「情報活用能力」の観点で検討しよう

このレッスンのポイント

Canva教育版の豊富なテンプレートや素材といったコンテンツ、アプリに関する利用制限の設定方法を解説します。ただし、やみくもに制限してよいわけではありません。授業のねらいや情報活用能力の観点をふまえ、適切に利用できるよう検討しましょう。

≫ テンプレートや素材の利用制限

Canva教育版には、豊富なテンプレートや素材（写真、グラフィック、動画、オーディオ、ステッカー、フレーム、図形、グリッド、表、グラフ、その他の素材）といったコンテンツが用意されています。管理者はそれぞれについて利用制限を設定することができます。

学習の基盤となる資質・能力としての情報活用能力の育成

A 知識及び技能							B 思考力、判断力、表現力等	C 学びに向かう力、人間性等			
1 情報と情報技術を適切に活用するための知識と技能			2 問題解決・探究における情報活用の方法の理解		3 情報モラル・情報セキュリティなどについての理解		1 問題解決・探究における情報を活用する力（プログラミング的思考・情報モラル・情報セキュリティを含む）	1 問題解決・探究における情報活用の態度		2 情報モラル・情報セキュリティなどについての態度	
①情報技術に関する技能	②情報と情報技術の特性の理解	③記号の組合せ方の理解	①情報収集、整理、分析、表現、発信の理解	②情報活用の計画や評価・改善のための理論や方法の理解	①情報技術の役割・影響の理解	②情報モラル・情報セキュリティの理解	事象を情報とその結び付きの視点から捉え、情報及び情報技術を適切かつ効果的に活用し、問題を発見・解決し、自分の考えを形成していく力 ①必要な情報を収集、整理、分析、表現する力 ②新たな意味や価値を創造する力 ③受け手の状況を踏まえて発信する力 ④自らの情報活用を評価・改善する力 等	①多角的に情報を検討しようとする態度	②試行錯誤し、計画や改善しようとする態度	①責任をもって適切に情報を扱おうとする態度	②情報社会に参画しようとする態度

「【情報活用能力の体系表例（IE-Schoolにおける指導計画を基にステップ別に整理したもの）】（令和元年度版） 全体版」（文部科学省）（https://www.mext.go.jp/content/20201002-mxt_jogai01-100003163_1.pdf）を加工して作成

≫ テンプレートや各種コンテンツの利用制限を設定する方法

利用制限の設定範囲はテンプレートにおいては［すべてのメンバー］［管理者と教員］、各種素材については［すべてのメンバー］［管理者と教員］［管理者のみ］から選択ができます。例として［すべてのメンバー］を選択します。

1 テンプレートの利用制限を設定する

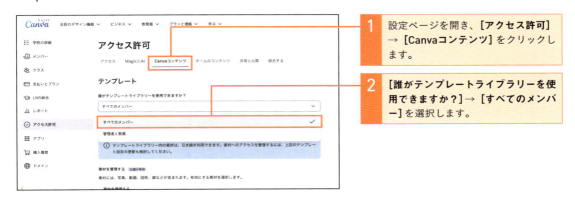

1. 設定ページを開き、［アクセス許可］→［Canvaコンテンツ］をクリックします。
2. ［誰がテンプレートライブラリーを使用できますか？］→［すべてのメンバー］を選択します。

2 ［全体の管理者］によるアクセス権限の設定画面の開き方

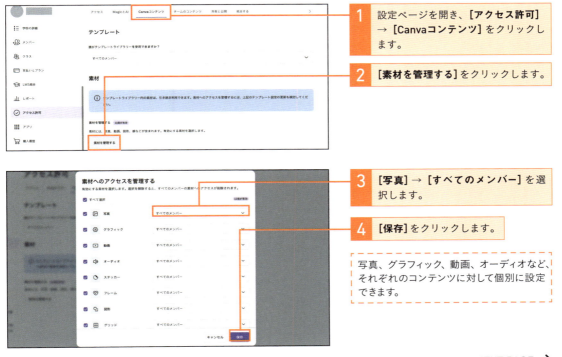

1. 設定ページを開き、［アクセス許可］→［Canvaコンテンツ］をクリックします。
2. ［素材を管理する］をクリックします。
3. ［写真］→［すべてのメンバー］を選択します。
4. ［保存］をクリックします。

> 写真、グラフィック、動画、オーディオなど、それぞれのコンテンツに対して個別に設定できます。

> 👍 **One Point**
>
> **コンテンツは利用制限すべき？**
>
> 「アニメーションやイラストを使うことに夢中になり、収拾がつかなくなるから利用制限をしたほうがよい」というご意見もあるかもしれません。ですが、実際には自治体でコンテンツの使用制限をしている例は聞いたことがありません。授業のねらいと情報活用能力の向上という観点をふまえると、利用制限をせずに使うという選択をしているようです。
>
> 日本の教師のみなさんの授業スキルは非常に優れています。ぜひICTを活用して情報活用能力を高め、子どもと一緒によりよい授業を目指していきましょう。

》アプリの利用制限

Canvaには拡張機能のように使用できるさまざまな「アプリ」があり、インポートをして利用することができますが、このアプリも利用制限を設定できます。利用制限は、役割が「生徒」と設定されているメンバーにのみ設定できます。役割が「教員」とされているメンバーに利用制限はありません。

> 👍 **One Point**
>
> **Canvaのアプリ利用は慎重に**
>
> AIを使った高度なサービスも含まれているため、まずは教職員がアプリを使ってみて、子どもにも使わせたい場合に管理者が許可をする、という形が安心です。アプリについては必ず規約を確認しましょう。

》アプリの利用制限を設定する方法

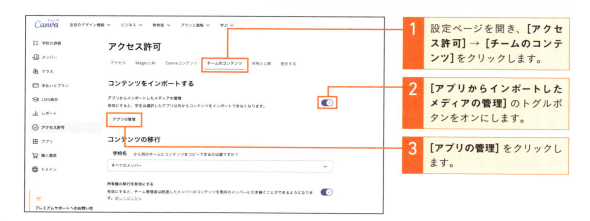

インポートできるアプリは**[すべて選択]**または個別にアプリのチェックボックスにチェックをして選択できます。

4 **[保存]**をクリックします。

利用制限設定後の画面

左は教員、右は生徒の画面です。生徒のほうが使えるアプリが少ないことがわかります。

》別チームへのデータのコピーと所有権の移行設定

例えば、小学校から中学校への進学や教職員の異動の際には、Canva教育版上でチーム（学校）の切り替えや関連データを新しい学校へ引き継ぐ必要が出てきます。Canva教育版では、関連データを新しいチームへコピーできるように設定できます。教職員が自治体外へ異動したり退職したりする場合は、所有権の移行を有効にすることで、管理者がデータを引き継ぐことができます。

チームを切り替えただけでは、新しいチームから過去に作成したデザインなどのデータを見ることも使うこともできません（自治体のCanvaの設定で、学校別にチームを分けている場合）。元のチームから必要なデータを選択して新しいチームへコピーすると、データを使えるようになります。

1 別のチームへデータをコピーする

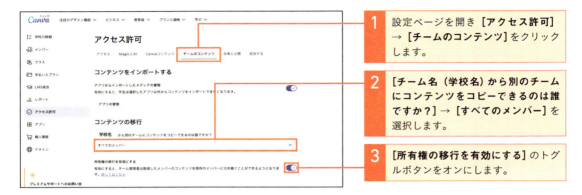

1. 設定ページを開き[アクセス許可]→[チームのコンテンツ]をクリックします。
2. [チーム名（学校名）から別のチームにコンテンツをコピーできるのは誰ですか？]→[すべてのメンバー]を選択します。
3. [所有権の移行を有効にする]のトグルボタンをオンにします。

2 データを別のチーム（学校）にコピーする

例として「01_国語」というフォルダをコピーします。

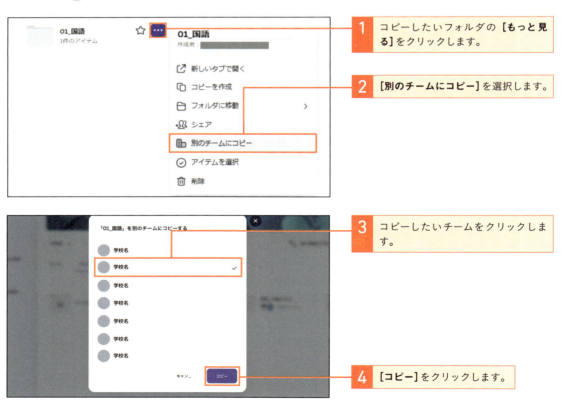

1. コピーしたいフォルダの[もっと見る]をクリックします。
2. [別のチームにコピー]を選択します。
3. コピーしたいチームをクリックします。
4. [コピー]をクリックします。

Lesson 52

[自治体導入に安心な権限管理④共有と公開の利用制限]

適切な共有範囲と公開場所を選び Canva教育版を安全に使おう

このレッスンの
ポイント

Canva教育版では、[生徒]と設定しているメンバーに対して、チーム（学校）以外へデザインを共有することや、データのダウンロード、SNSへの公開などを制限できます。詳しい設定方法や公開する場所の選び方について解説します。

》共有の利用制限

Canva教育版が安全に使える理由の1つが、共有範囲に2つのフィルターがある点です。まずは、**無料版やプロ版と違い、Canvaのアカウントを持っていない人とは共同編集ができないこと**（ただし、ゲストとしてデザインを閲覧したり、コメントしたりすることはできます）。もう1つは、**[生徒]が自身で作ったデザインをチーム外に共有できないように設定できること**。公開閲覧リンクの作成や、外部の人と共同編集をしたい場合には、先に教員とデザインを共有し、教員が事前チェックできる体制を整えられます。設定範囲は[すべてのメンバー][管理者と教員][誰にも許可しない]の中から選ぶことができます。

(memo) 生徒が学校外の不特定多数の人とファイルを共有し、意図しない不利益がないようにしましょう。安心・安全に学べる環境づくりをしていきましょう。

》共有と公開の利用制限を設定する方法

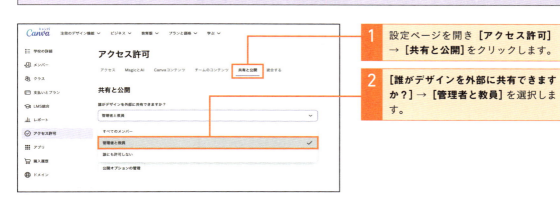

1 設定ページを開き[アクセス許可]→[共有と公開]をクリックします。

2 [誰がデザインを外部に共有できますか?]→[管理者と教員]を選択します。

利用制限設定後の画面

左は[教員]、右は[生徒]の画面です。[生徒]の画面には「リンクを知っている全員」の項目がないことがわかります。

> 👍 **One Point**
>
> **[生徒]の外部共有を制限した場合の注意点**
>
> [生徒]はプレゼンと録画機能（プレゼンテーションをしている自分の動画をワイプつきで公開できる）が使用できなくなります。代替策としてあらかじめ録画した動画をアップロードする方法があります（動画の活用方法についてはLesson 13で詳しく紹介しています）。

》公開の利用制限

Canva教育版にはデザインを外部に公開する機能として、データのダウンロードや各種SNS、メッセージアプリへの公開、Canvaへ印刷を注文といった項目があります。[生徒]についてはこれらの公開機能の利用制限が可能です。

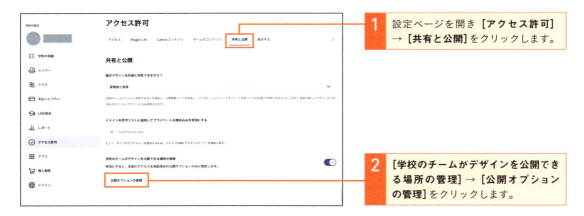

1. 設定ページを開き[アクセス許可]→[共有と公開]をクリックします。
2. [学校のチームがデザインを公開できる場所の管理]→[公開オプションの管理]をクリックします。

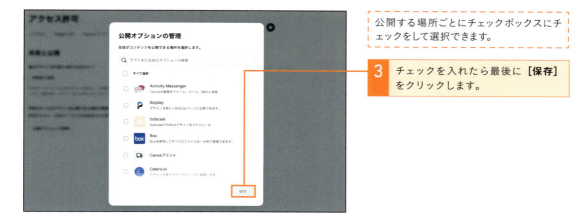

公開する場所ごとにチェックボックスにチェックをして選択できます。

3 チェックを入れたら最後に[保存]をクリックします。

利用制限設定後の画面

左は教員、右は生徒の画面です。生徒の画面は項目が少ないことがわかります。

適切な範囲内で共有されるように設定しましょう。

👍 One Point

公開を許可してもよい場所は？

公開を許可する場所は、安全性と利便性を考慮して選択しましょう。以下の場所は許可してもよいと考えられます。これらは教育機関内で閉じた環境で利用されることが多く、セキュリティリスクが低いと考えられます。

①プラットフォームとなるサービス
例：Google Classroom、Googleドライブ、Microsoft OneDrive、Microsoft Teamsなど
Googleドライブは、デザインを画像形式やPDF形式で直接アップロードできます。
②QRコード
デザインを背景に使ったQRコードが発行できます。
③クリップボードにコピー
選択したページを画像形式でクリップボードにコピーできてとても便利です。
④選択した素材をダウンロード

Lesson 53 [Canva教育版を自治体で導入する際の配慮事項]
管理担当者が押さえておきたい配慮事項

このレッスンのポイント

Canva教育版を自治体で導入する際には、必ず配慮事項を理解しておきましょう。重要なポイントとして、管理画面の操作や各種設定のスムーズな運用、管理担当者の引き継ぎ、デジタル・シティズンシップ教育の推進について解説します。

》各種設定・管理画面の操作に慣れる

管理担当者は各種設定や管理画面の操作に慣れることが不可欠です。Canva教育版の導入にあたって押さえておきたいのは、これまでのLessonで解説してきたCanvaの操作方法に加えて、GoogleやMicrosoftといった主に自治体で契約するクラウドサービスにおける管理画面の操作も含まれます。重要な設定項目として、チームのメンバー管理、アクセス許可の設定、SSO設定などが挙げられます。特に大規模な自治体では、学校の数も利用する教職員や児童生徒も多くなります。トラブルを予防するためにシステム全体を把握し、正確な設定を行うことが重要です。管理担当者がCanvaの使い方や管理画面の機能を十分に理解し、迅速に対応できれば、初期段階での設定ミスや管理の混乱を防ぎ、スムーズな導入と運用を実現できます。**Canva教育版の日本教育者グループ運営サイト（https://public.canva.site/canva-for-edu）では管理担当者向けの解説動画も用意しています。**ぜひ参考になさってください。

memo 「Canva教育版の日本教育者グループ運営サイト」はこちら

Canva教育版の日本教育者グループによる運営サイト

Canva 教育版の導入に役立つ豊富なコンテンツが掲載されています！

Canva教育版の
日本教育者グループ運営サイトより
https://public.canva.site/canva-for-edu

≫ 管理担当者の引き継ぎは確実に行う

管理担当者が異動したり退職したりする場合、次期管理担当者へ適切な引き継ぎがなされないと、年度更新などの際にSSOによるログインに問題が起きてしまいます。管理担当者の引き継ぎは確実に行いましょう。

> 👍 One Point
>
> **スムーズに引き継ぎを行うための準備**
> **①事前に引き継ぎ手順書を作成しておく**
> SSO設定やアクセス許可の管理方法などを詳細に記載しましょう。
> **②次期管理担当者への十分なトレーニング**
> 定期的な情報共有や研修を通じて、安心して業務を引き継げる体制を作りましょう。

≫ デジタル・シティズンシップ教育の推進

Canva教育版を自治体で導入する際は、「デジタル・シティズンシップ教育」の一環としても活用できると考えます。デジタル・シティズンシップとは、「デジタル技術の利用を通じて、社会に積極的に関与し、参加する能力のこと」、**デジタル・シティズンシップ教育は「優れたデジタル市民になるために必要な能力を身に着けることを目的とした教育」**を指します（欧州評議会（2020）Digital Citizenship Education Trainers' Packより）。優れたデジタル市民になるためには、発信による社会的影響や責任を学び、ICTの活用を前提として自律した人間に成長することが重要です。Canvaを使うと、児童生徒は魅力的なプレゼンテーション、チラシ、ポスター、動画などといった学習成果物の制作体験を数多く経験できます。経験を積み重ねることで、校内外に限らず、日常的に「情報を伝える発信者・創造者」として成長するでしょう。教育現場ではデジタル・シティズンシップ教育の推進を視野に入れ、具体的な教育プログラムに組み込むことが推奨されています。児童生徒に学ばせるだけでなく、教職員も保護者も含め大人も共に学び、考えていく必要があります。

理解を深めたい方は『はじめよう！デジタル・シティズンシップの授業』（日本デジタル・シティズンシップ教育研究会 編／日本標準）などの書籍を読まれてはいかがでしょうか。この書籍には指導案も掲載されています。また法政大学教授の坂本旬氏による「デジタル・シティズンシップのラッパ（https://lot.or.jp/project/10235/のスライド4）」も参考になります。デジタル・シティズンシップ教育が子どもと世界にどう影響していくのかが図で表現されています。

Lesson 54

[自治体導入の流れ①申請]
Canva教育版の申請と申請後のチェック

このレッスンの
ポイント

Canva教育版を自治体に導入するメリットや配慮事項は理解できたでしょうか？ いよいよ自治体でCanva教育版を導入する手順を学びます。まずは管理者アカウント作成のポイントと申請方法、申請後のチェック事項について解説します。

》自治体の導入をサポートする動画とマニュアル

自治体向けのCanva教育版申請の手順は大きく4つのステップに分かれます。Canva教育版の日本教育者グループ運営サイト（https://public.canva.site/canva-for-edu）では、手順や設定に関する動画やマニュアルを掲載しています。実際に申請を行う際はぜひ活用なさってください（Lesson 53ではCanva教育版の日本教育者グループ運営サイトにアクセスするQRコードを掲載しています）。

(memo) 申請からセットアップまで全体の流れを大まかに理解して、自治体にとって運用しやすい方法を考えていきましょう！

》自治体の管理者アカウントを作成する

まずは管理者アカウントとして使いたい情報で、Canvaの無料版のアカウントを作ります。おすすめは各クラウドサービスの管理者アカウントと同じ情報で作成すること。SAML/SSO設定の際に、アカウント切り替えなどが不要になりスムーズです。

👍 One Point

外部からのメール制限を解除しておく

Canva教育版に申請した後は返信メールが届きます。メール制限が設定されていなくても、契約しているネットワーク会社のフィルタリングサービスによっては、外部からのメールが届かない場合もあるようです。事前に管理者アカウントでメールが使えるかどうか確認しておきましょう。

》申請フォームに必要事項を入力する

日本語に対応しています。情報を確認しながら入力しましょう。

》アカウントを確認する

無事に申請が通るとCanvaからメールが届きます。念のため、管理者アカウントとして登録されているかどうか、設定画面を確認しましょう。

》管理者アカウントができているか確認する

1 Canvaから届いたメールを確認する

申請後、管理者用のアドレスに以下のようなメールが届きます。

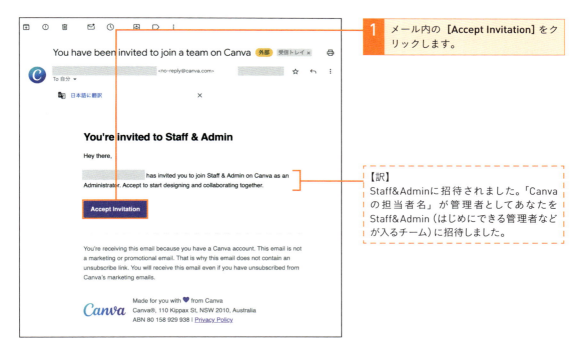

1 メール内の[Accept Invitation]をクリックします。

【訳】
Staff&Adminに招待されました。「Canvaの担当者名」が管理者としてあなたをStaff&Admin（はじめにできる管理者などが入るチーム）に招待しました。

2 Canvaにログインして[Staff＆Admin]チームの情報を確認する

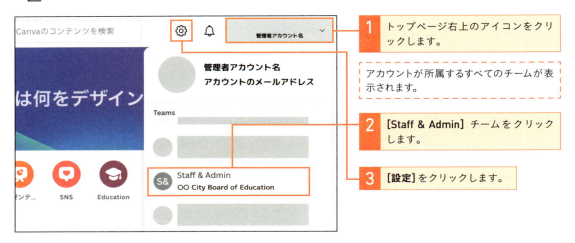

1. トップページ右上のアイコンをクリックします。

アカウントが所属するすべてのチームが表示されます。

2. [Staff & Admin]チームをクリックします。

3. [設定]をクリックします。

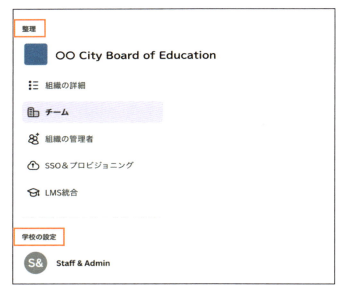

設定画面の左側に[整理]や[学校の設定]が表示されていれば、管理者として登録されています。

最初の申請が一番緊張するタイミングだと思います。まずは管理者として登録されたので、一安心ですね。

Lesson 55

[自治体導入の流れ②SAML/SSO設定]
属性マッピングは方法ごとの
メリット・デメリットを理解しよう

このレッスンの
ポイント

SAML/SSO設定の中でも特に複雑な「属性マッピング」について、設定方法を解説します。方法によってメリット・デメリットがあります。どの方法をとるかは自治体の状況などをふまえて総合的に判断しましょう。

≫ SAML/SSOの設定をガイドに沿って行う

SAML/SSO設定の中で最も理解が難しいのが「属性マッピング」でしょう。例としてGoogleの設定を例に説明します。

① [Cost center] の値
児童生徒と教職員をCanva上で区別するために、基本的に [Cost center] に「Teacher」という値を入れる必要があります。ほかにもGoogleグループで設定する方法やドメインやアドレスで設定する方法もあります。詳しくはCanva Japanの担当者にお問い合わせください。

② [TeamId] の値
[TeamId] とは、Canvaでどの学校に属している児童生徒・教職員かを判別するための設定です。この [TeamId] を自治体の各チーム (学校) に設定することで、これまで紹介してきたアクセス許可の権限をチームごとに設定したり、メンバー表示をチームに属する児童生徒・教職員だけに制限できるようになります。

(memo) SAML/SSO設定とは、学校や教育機関がCanvaアカウントへのアクセスをより安全かつ効率的に管理するために行う設定です。

属性マッピングのしくみ

[TeamId]をチーム(学校)ごとに　　　　　[TeamId]を自治体で1つにまとめた
個別に設定した場合のイメージ　　　　　場合のイメージ

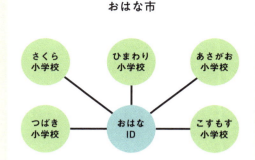

> 👍 **One Point**
>
> **[TeamId]を自治体で1つにまとめることも可能**
> [TeamId]をチーム(学校)ごとに個別に設定すると、小学校から中学校への進学や市内での異動があったときに、[TeamId]の変更が必要なため、年度更新に若干の手間がかかります。そこで、自治体で[TeamId]は1つに絞り、Canva上では大きな1つの学校にしてしまう、ということもできます。

属性マッピングは、それぞれの方法のメリット・デメリットを総合的に判断して行う必要があります。また、新入生・転入生、転入教職員など、自治体に新しく入るアカウントも必ず設定が必要です。Lesson 53で自治体へ導入する際の配慮事項として解説しましたが、<u>管理担当者は各クラウドサービスの管理画面の操作にも慣れておくこと、そして管理担当者の引き継ぎは確実に行うことが大切です。</u>

Google管理コンソール上のSAML属性マッピングの設定画面

[Cost center]に入っている値を[Role(役割)]として読み込んでほしい、[Department]に入っている値を[TeamId]として読み取ってほしい、という設定です。[First name]と[Last name]を逆に設定しているのは、姓名が逆に表示されないようにするためです。

Lesson 56

［自治体導入の流れ③運用を始める前の確認事項］
スムーズに運用を始めるための事前準備のポイント

このレッスンの
ポイント

SAML/SSO設定が完了したら、運用開始までもう一息です。自治体内でCanva教育版をスムーズに使い始めるために、準備のポイントを解説します。抜け漏れがあると管理担当者の手間が増えたりメンバーが正しく利用できなくなったりしてしまうため、とても重要です。

》［学校の管理者］を設定する

設定ガイドに指定された作業やSSOによるテストログインが無事にできたら、SAML/SSO設定は終了です。この後にやっておくべきことがあります。

まずはアクセス許可の設定です。［TeamId］を<u>個別で設定した場合</u>は、管理担当者がすべての学校の設定をするのは大変かもしれません。その場合は学校ごとに［学校の管理者］の役割を設定するメンバーを選びましょう。［学校の管理者］となったメンバーは、所属する学校のアクセス許可に関する設定ができるようになります。

［学校の管理者］を設定する

設定画面から［学校の設定］を開き、［学校のチームの管理者］を選択する

》初めてログインする際のアプリの表示設定

Googleを使っている自治体の場合、ブラウザの9点リーダー（Googleアプリ）の最下部にCanvaのアイコンが表示されます。<u>アイコンには「SAML属性を読み込むためのリンク」が設定されているため、メンバーが初めてCanvaにログインする場合は、必ずこのアイコンから入る必要があります。</u>この手順を無視すると「共有されたファイルが開けない」「ゲストモードになってしまう（アイコンが動物マーク）」ということが起きます。

203

》Googleアプリの一覧から初めてCanvaにログインする方法

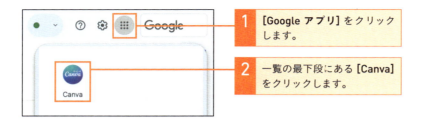

1 [Googleアプリ]をクリックします。

2 一覧の最下段にある[Canva]をクリックします。

》SAML属性の読み込み手順の漏れを防ぐ方法

SAML属性を読み込むためのリンクをランチャーのアプリ一覧に入れてしまうと安心です。

1 リンクのアドレスをコピーする

1 [Googleアプリ]→[Canva]を右クリックします。

2 [リンクのアドレスをコピー]をクリックします。

2 Googleの管理コンソールからリンクをアプリとして登録する

Googleの管理コンソール（https://admin.google.com/）から[デバイス]→[Chrome]→[アプリと拡張機能]を開きます。

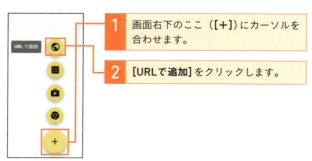

1 画面右下のここ（[+]）にカーソルを合わせます。

2 [URLで追加]をクリックします。

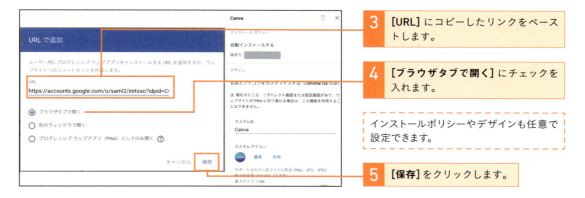

3 [URL]にコピーしたリンクをペーストします。

4 [ブラウザタブで開く]にチェックを入れます。

インストールポリシーやデザインも任意で設定できます。

5 [保存]をクリックします。

リンクの名前を「Canva」に設定しておくとわかりやすくなります。

ランチャーのアプリ一覧に表示されます。

≫ Canva教育版の個人アカウントを持っているメンバーへデータ移行を依頼する

自治体でCanvaを導入する以前から、個人でCanva教育版を申請して使っている教職員や招待された児童生徒もいるかもしれません。自治体で設定したチーム内で継続して学習できるように、該当するメンバーにはデータの移行を依頼しましょう。自治体導入時のデータの移行手順は、Canva教育版の日本教育者グループ運営サイト（https://public.canva.site/canva-for-edu）に紹介されています。

Lesson 57

[Canva活用で広がる未来]
Beyond Canva
～教育現場を変える主体者になろう～

このレッスンの
ポイント

教育現場におけるICT活用にはさまざまな課題があります。最後のLessonでは、自治体がCanvaを導入すると解決できること、そしてより広い視野で子どもの未来と向き合うために必要な教師の姿勢について考えます。

》「協働する主体者」として未来を創造する

ICTの進化と複雑化に伴い、教師が異動のたびにツールを学び直す手間や、情報活用能力の格差の拡大といった課題が生まれています。課題解決の手段として、CanvaのようなOSや端末に依存しないツールの導入は非常に有効です。学び直しの手間がなくなり、教師たちがCanvaという同じ環境で学べれば、情報活用能力の格差解消にもつながります。まさに「個別最適な学び」と「協働的な学び」を促進する一助になるはずです。教育現場におけるICT活用の鍵は、自治体です。自治体は今、果敢な挑戦が求められているのです。

ただし、忘れてほしくないのは、教師自身が強い意志を持つこと。自治体や学校任せではなく、自ら変えていこうという姿勢が不可欠です。教師同士が知識を共有すれば、状況を改善する力が育まれます。成長は、子どもにも、私たち大人にも大切なのです。まだ戸惑いがある方も、一歩進んでみませんか？ 一緒に明るい未来を創造しましょう。

Canvaの導入に限らず、働きやすく学びある環境づくりに対して、自治体と教師は「協働する主体者」でありたいものです。

スタッフリスト

カバー・本文デザイン	米倉英弘（米倉デザイン室）
カバー・本文イラスト	東海林巨樹
写真撮影	蔭山一広（panorama house）
校正	株式会社トップスタジオ
デザイン制作室	今津幸弘
	鈴木　薫
制作担当デスク・DTP	柏倉真理子
編集協力	杉野　遥
デスク	渡辺彩子
副編集長	田淵　豪
編集長	柳沼俊宏

■商品に関する問い合わせ先

このたびは弊社商品をご購入いただきありがとうございます。本書の内容などに関するお問い合わせは、下記のURLまたは二次元バーコードにある問い合わせフォームからお送りください。

https://book.impress.co.jp/info/

上記フォームがご利用いただけない場合のメールでの問い合わせ先
info@impress.co.jp

※お問い合わせの際は、書名、ISBN、お名前、お電話番号、メールアドレス に加えて、「該当するページ」と「具体的なご質問内容」「お使いの動作環境」を必ずご明記ください。なお、本書の範囲を超えるご質問にはお答えできないのでご了承ください。

- 電話やFAXでのご質問には対応しておりません。また、封書でのお問い合わせに回答までに日数をいただく場合があります。あらかじめご了承ください。
- インプレスブックスの本書情報ページ https://book.impress.co.jp/books/1124101046では、本書のサポート情報や正誤表・訂正情報などを提供しています。あわせてご確認ください。
- 本書の奥付に記載されている初版発行日から1年が経過した場合、もしくは本書で紹介している製品やサービスについて提供会社によるサポートが終了した場合はご質問にお答えできない場合があります。

■落丁・乱丁本などの問い合わせ先
FAX　03-6837-5023
service@impress.co.jp
※古書店で購入された商品はお取り替えできません。

いちばんやさしいCanva教育版の教本
人気講師が教える学校で役立つ時短デザイン

2025年 2月21日	初版発行
2025年 7月11日	第1版第3刷発行

著　者　　坂本良晶、的場功基、二川佳祐、関口あさか、會見修一
発行人　　高橋隆志
編集人　　藤井貴志
発行所　　株式会社インプレス
　　　　　〒101-0051　東京都千代田区神田神保町一丁目105番地
　　　　　ホームページ　https://book.impress.co.jp/
印刷所　　株式会社 暁印刷

本書の利用によって生じる直接的または間接的被害について、著者ならびに弊社では一切の責任を負いかねます。あらかじめご了承ください。

本書の内容はすべて、著作権法上の保護を受けております。本書の一部あるいは全部について、株式会社インプレスから文書の許諾を得ずに、いかなる方法においても無断で複写、複製することは禁じられています。

ISBN 978-4-295-02085-1 C0037

Copyright © 2025 Yoshiaki Sakamoto, Koki Matoba, Keisuke Futakawa, Asaka Sekiguchi, Shuichi Aimi. All rights reserved.
Printed in Japan